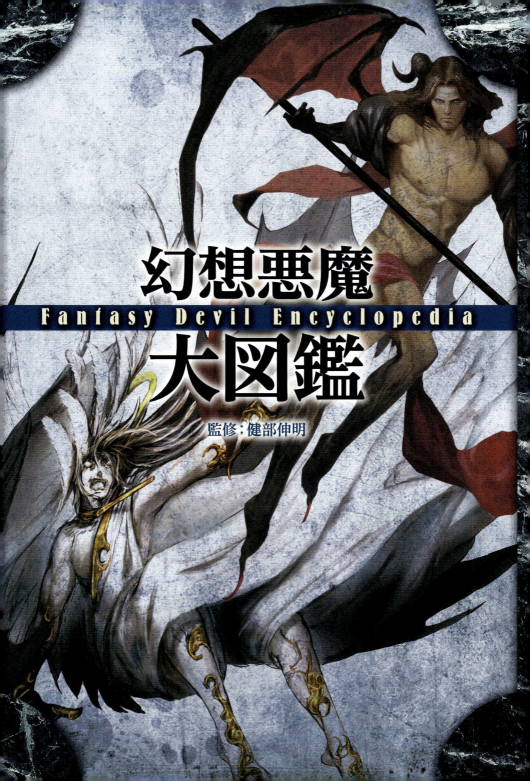

幻想悪魔大図鑑

Fantasy Devil Encyclopedia

監修：健部伸明

幻想悪魔大図鑑

監修 健部伸明

まえがき

悪魔とは、悪の人格化であると喝破したのはジェフリー・バートン・ラッセルだ。
人間とは、概念を擬人化しなければ理解できない生き物なのだ。

しかし、そもそも悪とは何なのか？　善との違いはどこにあるのか？
よく考えればわかるが、自然界に善悪はない。竜巻にも洪水にも悪意はない。
とするなら、善悪の概念は「誰か」が自己の都合で決めただけということになる。
たとえば聖書の「原罪＝悪」は、人間が神の言いつけを守らなかったことによる。
だが創世主たる唯一神を「親」、被造物たる人間を「子」と例えるなら、
それは自然な反抗期に相違ない。
子が親の言う通りに生きねばならないとは、どれだけ時代錯誤なのか？

我々が悪魔に魅力を感じるのは、そこに人間的な懊悩があるからだ。
堕天した悪魔の苦悩に感情移入できるからだ。
誰しも間違いを犯す。問題はその後でどうするかである。
「原罪」と断じて許さない態度こそ、傲慢ではないのか？

本書を一読すれば一目瞭然だが、悪魔と定義される存在であっても
性質のなかに「悪」を認められず、人間に尽くす心根の優しき者もいる。
あるいは地域や時代によって、神とされたものが悪魔と記述される場合もある。
けだし、善悪とは相対的なものなのだ。

とはいえ悪魔を「どうせ存在しない」と軽んじてはならない。
なぜなら「概念」として存在するなら、実際に存在するのと同じなのだから。
遊び半分で召喚のまねごとをするなど、もっての外だ。
同じ知的生命体どうし、敬意を以て接するべきであろう。

嗚呼、この書を読む全ての者に、偉大なるソロモン王の加護のあらんことを！
この書が諸君の心を少しでも豊かにしてくれるならば、これに勝る幸いはない。

2019年11月末日

監修者　健部伸明

CONTENTS

序章
P.4 悪魔の基礎知識
P.13 本書における悪魔たちの分類

第一章 七つの大罪
P.16 ルシファー｜**P.18** マンモン｜**P.20** レヴィヤタン｜**P.22** サタン
P.24 アスモデウス｜**P.26** ベルゼブブ｜**P.28** ベルフェゴール

P.30 悪魔バトル〈ルシファー vs ベルゼブブ〉｜**P.34**【COLUMN】七つの大罪とは？

第二章 堕天使
P.36 アザゼル｜**P.38** シェムハザ｜**P.40** マステマ｜**P.42** アバドン｜**P.44** ベリアル
P.46 サマエル｜**P.48** イブリース｜**P.50** グザファン｜**P.52** ウリエル｜**P.53** ルキフゲ・ロフォカレ

P.54 悪魔バトル〈サマエル vs バエル〉｜**P.58**【COLUMN】天使と堕天使の階級

第三章 魔神
P.60 アモン｜**P.62** リリス｜**P.64** アスタロト｜**P.66** ネルガル
P.68 アドラメレク｜**P.70** ニスロク｜**P.72** バエル｜**P.74** ダゴン
P.76 モロク｜**P.78** アブラクサス｜**P.80** バフォメット｜**P.82** 黙示録の竜と獣

P.84 悪魔バトル〈リリス vs マーラ〉｜**P.88**【COLUMN】古代オリエントの宗教事情

第四章 悪霊
P.90 アンズー｜**P.92** パズズ｜**P.94** アサグ｜**P.95** ウドゥグ
P.96 アンラ＝マンユ｜**P.98** ジャヒー｜**P.100** ドゥルジ｜**P.102** アストー・ウィーザートゥ
P.104 アジ・ダハーカ｜**P.106** マーラ｜**P.108** ヒラニヤカシプ｜**P.110** アガースラ
P.112 シュンバ｜**P.114** バーナースラ｜**P.116** マヒシャースラ｜**P.117** ラクタヴィージャ
P.118 ラーヴァナ｜**P.119** インドラジット｜**P.120** クンバカルナ｜**P.121** 夢魔（メア）

P.122 悪魔バトル〈アガースラ vs レヴィヤタン〉｜**P.126**【COLUMN】インド神話の悪魔たち

第五章 ゴエティア
P.128 マルバス｜**P.130** パイモン｜**P.132** フルフル｜**P.134** マルコシアス
P.136 フェニックス｜**P.138** ヴェパル｜**P.140** ヴィネ｜**P.142** ゴモリー
P.144 オリアス｜**P.146** ザガン｜**P.148** アムドゥシアス｜**P.150** その他のゴエティア

P.154 悪魔バトル〈マルバス vs アンズー〉｜**P.158**【COLUMN】悪魔を使役したというソロモン王とは？

第六章 悪魔資料室
P.160 悪魔誕生と一神教・多神教の悪魔観
P.164 悪魔が潜伏する世界
P.170 文学作品と登場する悪魔
P.178 悪魔の召喚と使役方法
P.180 悪魔と魔女
P.182 悪魔憑きと悪魔祓い
P.184 悪魔と魔女の事件簿
P.190 世界の悪魔小辞典
P.198 悪魔分布図
P.204 五十音順索引

悪魔の基礎知識

ファンタジー世界では、強力な存在として描かれる悪魔たち。
ただ、その実態は一般にはあまり知られていない。
まずはここで悪魔という存在の基礎を学んでおこう。

悪魔とは？

ひと口に「悪魔」といっても
その実態はさまざま

日本での「悪魔」という言葉は、特定の存在を指すよりも「何かよくないことを起こす悪いモノ」という、漠然としたイメージで使われるのが一般的だ。これはその通りで、「悪魔」には特定の宗教での悪役、おとぎ話の魔神、悪い精霊、人間を恨む死者の霊など、さまざまな存在が内包されているのだ。

そんな悪魔たちを生んだのは、古くからの信仰や宗教だ。信仰は地域や文化、時代によって違うので、悪魔の実態も異なってくる。

ただ、何をもとに生まれたのかは概ね共通していて、病気や災害、対立する異民族など外的なものと、嫉妬や激しい怒り、尽きぬ物欲や色欲など、内的なものがある。心の平安を保ち、社会の安定に寄与するのも宗教の役割なので、悪魔は“社会を脅かす天災や犯罪などの元凶を象徴したもの”ともいえるのだ。

ただ、宗教などによって悪魔の扱いにも違いがある。代表的なものを下記にまとめたので参考にしてほしい。

神話や民間伝承における悪魔

神話において神と敵対する悪神や怪物たち、自然信仰における悪い精霊、民間伝承で語り継がれる妖怪や悪霊といった存在。本質的に絶対悪ではなく、「人間が信仰する主要な神の敵だから」、「人間にとって都合が悪いから」といった理由で悪魔とされている。

ゾロアスター教や一神教の悪魔

ゾロアスター教は善悪二元論の宗教で、悪魔は善の神と敵対する絶対悪。キリスト教の悪魔である堕天使も、同じく絶対悪だ。ユダヤ教の悪魔はおもに異教の神、イスラム教の悪魔は精霊ジンと違いはあるが、これらは基本的には唯一神の手の内にあって人間を試す存在だ。

ヒンドゥー教や仏教の悪魔

ヒンドゥー教の悪魔アスラ族は、信仰が廃れて悪役にされた神々。ヤクシャやラクシャーサといったほかの悪魔は、精霊や異民族の象徴だ。仏教の悪魔としては魔羅と天魔がいる。魔羅は煩悩の象徴で、天魔は修行の邪魔をする。ともに修行で克服する存在という意味合いが強い。

魔術書やオカルトでの悪魔

おもにキリスト教の悪魔を研究する悪魔学をはじめ、魔術書関連や近代のオカルト分野における悪魔や魔神。本来の宗教的意義とは別に、惑星や星座、方角などの支配者とされ、人間が儀式や呪文などによって召喚・使役して、何らかの利益を得るための対象とされている。

「悪魔」という言葉の語源は仏教における「マーラ(魔羅)」

　冒頭で述べたように、日本での「悪魔」という言葉にはさまざまな存在が含まれているが、もともとはインドの悪魔マーラを指す仏教用語だった。

　仏教はインドで誕生した宗教だ。釈迦族の王子だったガウタマ・シッダールタが人生の苦しみや無情を感じ、地位を捨てて修行した結果、悟りを開いて開祖となった。このとき、シッダールタの修行を邪魔したのがマーラだ。のちに仏教は中国へと伝わり、中国の人々によって教えを記した仏典がサンスクリットから中国語に翻訳された。このときマーラを表す言葉としてつくられたのが「悪魔」。よって、厳密にいえば日本語の悪魔はマーラになる。

　ただ、人間は新たなものを既知のものに置き換えて理解しようとする傾向があり、またひとつの言葉に複数の意味を持たせることもある。キリスト教が伝来した際、人々がデビル"Devil"やデーモン"Daemon"を信仰を妨げる存在と捉え、すでに存在していたマーラを指す「悪魔」を当てても不思議はなく、これらに含まれる魔王や悪霊もともに「悪魔」となったのだ。

マーラ　▶ P.106

序章　悪魔の基礎知識

「Devil」と「Daemon」の違いとその語源

　英語の"Devil"と"Daemon/Demon"はどちらも魔的な存在を表すが、成り立ちや意味合いがやや異なっている。まずはキリスト教の伝播に簡単に触れておきたい。

　オリエントで誕生したキリスト教は、ギリシアを経て西ヨーロッパまで広まった。聖書も同様で、もともとヘブライ語で書かれていたものがギリシア語に翻訳され、さらにカトリック教会が公用語としたラテン語を経て、各国の言語に翻訳されている。

　こうした経緯から"Devil"と"Daemon"はともにギリシア語から派生したと考えられている。まず"Devil"から見ていくと、ギリシア語で悪魔やサタンを表すディアボロス"Diabolos"が語源。英語で"The Devil"といえばサタンのことだが、サタンの名はのちに悪魔と同義となった関係で、"Devil"単体でもサタンを表すことがある。サタンが含まれるとあって、日本では悪魔の王である「魔王」の意味も含まれる。

　一方の"Daemon"は、ギリシア語のダイモーン"Daimon"が語源。ダイモーンには「下位の神々や英雄の霊」、もしくは「善や悪の性質を備えた神々と人間の中間的存在」といった意味がある。日本では神霊や精霊などと訳されており、"Daemon"にも悪魔のほかに悪霊や魔神の意味がある。

　ファンタジー作品では、デビルを上級の悪魔、デーモンを下位の悪魔とすることも多い。これはもともとの出自を反映したもので、きちんとした意味があるのだ。

悪魔とされた堕天使たち

堕天使は宗教上の理由から生まれた

ユダヤ教、キリスト教、イスラム教は、それぞれ密接な関わりがある。これらの宗教では全能である唯一神が絶対の存在で、世界の創造主とされた。ただ、それゆえに異教の神々や悪魔も神がつくったことになり、これらがなぜ存在するのかを説明する必要が生じてしまった。そこで誕生したのが堕天使たち。「神がつくった天使の一部が反逆し、地獄に落ちて悪魔になった。異教の神もこの悪魔である」というわけだ。こうした経緯から、堕天使はおもに『第一エノク書』などの偽典に登場する。なお、ユダヤ教とイスラム教では事情が異なっており、とくにイスラム教で明確な堕天使はイブリースのみとなっている。

キリスト教

サタンをはじめ、おもな堕天使はみなキリスト教由来

ルシファー ▶ P.16

マンモン ▶ P.18

キリスト教や新約聖書が多くの堕天使を生み出した

キリスト教における悪魔はみな堕天使なので、その数は非常に多い。5世紀ごろには「七つの大罪」が設定され、やがてルシファー、サタン、レヴィヤタン、マンモンなど、聖書の記述から各罪に対応する堕天使たる魔王も定義された。この堕天という衝撃的にして感傷的なテーマは、『神曲』『失楽園』『ファウスト』など文学作品に取り上げられ、広く西洋に知られるようになる。

ユダヤ教

ユダヤ教の堕天使は正典以外の文書に潜む

シェムハザ ▶ P.38

人間と交わり堕天した見張りの天使グリゴリたち

ユダヤ教は異教の神々を"偽りの神"と定義し、堕天使に変えるようなことはしなかった。ただ旧約聖書や死海文書にはベリアルがたびたび登場し、偽典『第一エノク書』には、シャムハザを筆頭とする堕天した見張りの天使グリゴリたちが名を挙げられている。

イスラム教

イスラム教唯一の堕天使はルシファーと同一視されるイブリース

悪魔とされる精霊ジンたちの頭目

アラブ圏では古くから精霊ジンが信じられており、イスラム教では悪いジンが悪魔とされる。この悪魔たちの頭目がイブリース。神がつくったアダムに跪くことを拒否し、神の怒りを買った存在だ。キリスト教のルシファーと同一視されるため、イスラム教で唯一の堕天使とさいえそうだ。

イブリース ▶ P.48

その他

ソロモン王関連など魔術書にも登場する堕天使

魔術書に登場する堕天使もいる

中世半ば以降、さまざまな魔術書(グリモワール)がつくられた。なかでも有名なのが『悪魔の偽王国』と『レメゲトン』の第一部として組み込まれた『ゴエティア』だ。正典では魔神崇拝に屈しているソロモン王だが、魔術書では逆に神の力で魔神を自在に支配しているのである。

アスタロト ▶ P.64

序章　悪魔の基礎知識

悪魔にされた神々

その多くは一神教によって悪魔にされた

　多くの一神教では、唯一神と神の御使い以外の権威を認めていない。
　ユダヤ教では異教の神々を"偽りの神"と説明した。
　一方でキリスト教は、異教の神々をすべて悪魔とみなした。キリスト教が誕生した地中海東岸のバアル神をはじめ、カナン神話のダゴン、シナイ半島で信仰されたモロク神、メソポタミアでは冥界の神ネルガルなど、挙げていけばきりがない。
　インドの神々ディーヴァも、ペルシア（現イラン）ではダエーワ（もしくはデーウ）と呼ばれて悪魔とされる、という逆転現象が起きている。悪魔の本質について考えさせられる。

メソポタミア

本来の神の名のまま悪魔とされたネルガルの故郷

ネルガル ▶ P.66

ニスロク ▶ P.70

新興の一神教に悪魔とされた至上最古の神々

メソポタミアの神々は、ほとんどがシュメール人の神話をベースにしている。アッカドやバビロニアといった大勢力が登場した際も、神々の姿や性質はあまり変わらず保たれた。ネルガルやニスロク、アスタロトなどがその代表格だ。しかし同じ中近東で発生したユダヤ教などに排斥され、悪魔とされてしまったのだ。

地中海東岸

サタンと並んで悪魔を代表する
ベルゼブブらが生まれた地域

バアル神をもとに生まれた ベルゼブブ

地中海東岸部はフェニキアと呼ばれ、内陸のヨルダン川と死海に挟まれた地域はカナンと呼ばれた。このカナンを中心に広範囲で信仰が盛んだったのがバアル神。サタンと並ぶ代表的な悪魔ベルゼブブは、このバアルがもとになって誕生した。ほかにもダゴンが有名。

ベルゼブブ ▶ P.26

エジプト神話

『デビルマン』で有名なアモンは
エジプトのアメン＝ラーから誕生

鳥獣と人間を合成した姿は 悪魔そのもの

古代エジプトの神々は、頭だけ鳥や動物の姿をしたものが多い。ヨーロッパの人々にしてみれば、ギリシア神話のミーノータウルスなどと同じ怪物に見えるわけで、当然ながら悪魔とみなされた。エジプト神から生まれた悪魔のなかでは、『デビルマン』にも登場したアモンが日本でも有名。

アモン ▶ P.60

インド／ペルシア神話

神と悪魔が入れ替わる
隣り合わせの両地域

ときに神をも凌駕する 戦闘に長けた悪魔

インドの魔物にはラークシャサ（羅刹）やヤクシャ（夜叉）がいるが、最強クラスはアスラ（阿修羅）だろう。時折強力な王が現れてディーヴァ（神々）を圧倒する。ところがペルシアのゾロアスター教の最高神アフラ＝マズダーは、名の類似でおわかりようにアスラである。地域で神と悪魔が入れ替わるよい例だ。

シュンバ ▶ P.112

序章　悪魔の基礎知識

民間伝承における悪魔

キリスト教にも
呑み込まれずに残る

　キリスト教やヒンドゥー教のような明確な宗教が誕生する以前、世界各地には万物に宿る精霊を崇めるアニミズムがあった。こうした精霊信仰から生じた民間伝承も数多い。キリスト教のなかでも、とくにカトリック教会の影響が強かった地域では多くが失われてしまったが、メソポタミアのパズズのようにわずかながら呑み込まれずに残った例外もある。

　ロシアや東欧といったスラヴ圏では、日本の妖怪に近い精霊たちが数多く口承されていた。キリスト教でも、カトリックではなく正教会の影響が強かった地域では、こうした民間伝承が根絶されずに残された。

　英語のデヴィルに相当するロシア語はディヤーヴォルだが、それ以前にチョールトやベスと呼ばれる存在が悪魔の受け皿となった。そのほかにも、水辺に棲むルサールカや畑に現れポールドニツァなど、かなり悪魔的な妖怪たちがおり、本書では190 〜 197ページで紹介している。

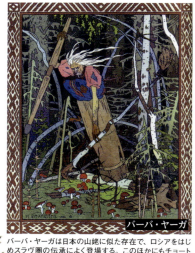

バーバ・ヤーガ

バーバ・ヤーガは日本の山姥に似た存在で、ロシアをはじめスラヴ圏の伝承によく登場する。このほかにもチョートルやルサールカなど、悪魔的存在が多い。

パズズ ▶ P.92

グザファン ▶ P.50

魔術書における悪魔

魔術書の悪魔には独自のものも多い

　魔術書（グリモワール）の多くは、何らかの目的を達成すべく悪魔や天使などを召喚するための書物だ。そのために必要となる魔法円の図柄をはじめ、準備すべき道具、呪文、儀式の手順などが記されている。このほかにも悪魔学の書物や、魔術の知識のみを記した書物があり、これらも魔術書と呼ばれることがある。

　魔術書がつくられ始めたのは13世紀ごろのこと。とくに、さまざまな要因から社会不安が増大して魔女狩りが始まると、より深く悪魔や魔女を知るために悪魔学が盛んになり、異端審問官などによる数々の著作が登場した。これにともなって魔術書の数も増えていき、魔女狩りが沈静化した17世紀以降は、オカルトの分野で魔術書が盛んにつくられた。

　これらの書物に登場する悪魔は、独自のものも多くあまり一般的とはいい難いが、フェニックスのように有名な存在を取り込んだ悪魔も存在する。

アスモデウス

コラン・ド・ブランシーの『地獄の辞典』に描かれたアスモデウス。本書の挿絵は衝撃的で、近現代の悪魔観に大きな影響を与えた。

マルコシアス ▶ P.134

フェニックス ▶ P.136

序章　悪魔の基礎知識

文学作品に描かれた悪魔

文学作品が登場するまでは限定的だった悪魔の情報源

　ヨーロッパに広く紙が普及したのは15世紀のこと。それ以前の書物には高価な羊皮紙が使われており、すべて手書きだったこともあって本は高価なものだった。また西ヨーロッパにおいてはカトリック教会の権威も強く、聖書の内容を題材とした一般向けの書物はなかなか生まれにくかったといえる。この時期、民衆が悪魔の姿を目にできるものといえば、教会のステンドグラスやフレスコ画などで、思い描くにしても情報源はかなり限られていた。

　その後、12世紀になるとヨーロッパに紙が伝わり、フランスやイタリアで製紙業が始まる。こうしたなかで14世紀初頭にダンテの『神曲』が登場し、上流階級の人々のあいだで人気を博した。のちの15世紀半ばになると、ドイツで活版印刷が登場。大量生産が可能になったことで書籍が流通しやすくなる。

　17世紀半ばになると旧約聖書の「創世記」を題材にしたミルトンの『失楽園』が登場する。このころにはすでに紙や印刷技術が普及しており、以後バニヤンの『天路歴程』やゲーテの『ファウスト』といった作品も登場し、人々の悪魔像に大きく影響していくのだ。

有名な童話にも悪魔は登場する

　18世紀も末期になると、ヨーロッパでは古くから伝わる民謡やおとぎ話を収集する動きが出始めた。世界的に知られる『グリム童話』は、その代表ともいえる存在だ。収録された物語のなかには悪魔が登場するものもあり、有名なものとして『ルンペルシュティルツヒェン』が挙げられる。

　糸紡ぎが苦手な主人公の女性が、得意と偽って王子と結婚したため窮地に陥る。するとそこに小人が現れ、糸紡ぎをしてもらう代わりに期限付きで名前当てをし、当てられなかったら小人のものになるというもの。「小人」と表記されるものの、ヨーロッパでは"悪魔の名前当て"という要素は有名だ。似た物語はほかにもいくつか存在しており、この作品の小人も悪魔の一種と考えていいだろう。

悪魔が描かれた挿絵

飛行する地獄の悪魔たち

フランスの画家ギュスターヴ・ドレが描いた『神曲』の悪魔マレブランケ。コウモリの翼と尾がある悪魔の姿は、『神曲』が普及したことで一般的になった。

『ルンペルシュティルツヒェン』の一場面。童話にはよく小人が登場する。『白雪姫』の小人のように陽気なものもいるが、一方で悪魔的な小人も存在した。

本書における悪魔たちの分類

序章　悪魔の基礎知識

各悪魔にはそれぞれに異なる出自や実態がある。
そこで本書では「七つの大罪」「堕天使」「魔神」「悪霊」「ゴエティア」と、
悪魔たちを5つの種類に分けて紹介している。

カトリック教会が定義する"七つの大罪"に対応すると考えられた、7体の悪魔。ルシファーやサタンをはじめ、とくに強力な存在が多い。

天使でありながら、さまざまな事情で天界を追われ、悪魔となった存在。その多くはキリスト教のものだが、ユダヤ教やイスラム教のものもいる。

もともとは神だったものの、悪魔にされてしまった存在。中近東出自の悪魔が多いが、グノーシス主義の悪魔など、一部違う悪魔もいる。

精霊信仰における悪い精霊や、ゾロアスター教、インド神話の悪魔たち。堕天使や魔神に分類した悪魔に比べると、一般的ではないものが多い。

ゴエティアとは、ギリシア語で魔術的な召喚を意味する叫び声（擬音）に由来する。後に召喚される魔神的精霊を指すようになり、魔術書の題名にもなった。

13

悪魔解説ページの見方

❶	アイコン	悪魔の分類と番号を示したアイコン。分類は「七つの大罪」「堕天使」「魔神」「悪霊」「ゴエティア」の5種類。分類の詳細はP.13を参照
❷	名前&その他の情報	悪魔の名前。国や地域などによって呼び名が異なることもある。また、それぞれが司る大罪や、印章のデザインを記載している
❸	イラスト	その悪魔をイメージしたイラスト
❹	名前の意味・由来	その悪魔の名前の意味や由来
	出典	悪魔が登場する神話・伝承、文献など
	伝承地域	悪魔の伝承が伝わるおもな国や地域
	能力	悪魔の能力と、それについての解説文。「力」「防御」「生命」「魔力」「知能」「速さ」の6種類を設定しており、それぞれ10段階で能力の高低を示している
❺	解説	悪魔の解説。その悪魔が登場する神話・伝承や外見的特徴、武器、逸話などを説明している
❻	STRONGPOINT	その悪魔の強みを紹介
	WEEKPOINT	その悪魔の弱点を紹介
❼	COLUMN	悪魔に関する豆知識を記したコラム
❽	悪魔バトル	ほかの悪魔と戦った場合、どのような展開になるか、戦いの勝敗を分けるポイントなどを記載。対戦相手は展開が面白くなりそうなものを選出している

14

第一章
七つの大罪

Fantasy Devil Encyclopedia

七つの大罪 No.01

ルシファー【傲慢】
Lucifer

▶▶ 名前の意味・由来 ｜ 光をもたらす者

▶▶ 出典 ｜ 『イザヤ書』

▶▶ 伝承地域 ｜ イスラエル

▶▶ 能力 ｜ 堕天使の長として、また唯一神に叛く者として相応しい実力を有する。とりわけ、無尽蔵に湧き出る魔力と底知れぬ叡智は他の追随を許さない。

- 速さ 9
- 力 7
- 防御 8
- 生命 8
- 魔力 10
- 知能 9

illustration：森野ヒロ

自らの意思で神に叛いた大天使

キリスト教、とりわけカトリックやプロテスタントにおける堕天使の統率者にして、最大最強の悪魔。ルシファーは英語読みで、ラテン語ではルキフェル、日本ではルシフェルと表記されることも多い。「魔王サタンと同一存在で、ルシファーとは堕天以前の名称だ」とする説が一般的だが、「七つの大罪」のように、サタンとは別存在として並列されることもある。かつては6枚、または12枚の翼を有する最も美しい天使の長だったが、唯一神に叛逆し、天使たちの3分の1を率いて敵対者となった。叛逆の理由は、神と同じ地位を望んだとか、アダムに拝礼する命令を拒んだなど、諸説ある。なお、ルシファーが人間に直接関与した記録はない。その最大の罪は創造主への叛逆であり、ゆえに"傲慢"を司る。

第一章

七つの大罪｜ルシファー

STRONG POINT
比類なきカリスマ

最大の武器は、そのカリスマ性だ。神の忠実な僕である天使たちの、じつに3割強が従ったという逸話は、その魅力の凄まじさを率直に物語っている。

WEAK POINT
弱点と呼べる弱点はない

唯一神の最高傑作であるルシファーに弱点はない。敢えて挙げるなら氷だろうか。『神曲』の中の彼は、地獄の底で氷漬けになり、自由を奪われているからだ。

COLUMN

翻訳によって
世に知られたその名

もともとルシファーという名は聖書に記述されてはいなかった。だが、『イザヤ書』14章12節「黎明の子、明けの明星よ、あなたは天から落ちてしまった」という部分を古代ラテン語に翻訳したとき、ヘブライ語で「輝く者」を意味する"ヘレル"に「光をもたらす者」という意味のラテン語"ルキフェル"が当てはめられた。これがのちに大いなる悪魔の名として定着していったのだ。

VS 悪魔バトル
ルシファーの光が暗黒竜を退ける
VS アジ・ダハーカ
(P.104)

最強の天使だったルシファーと、暗黒神の力の化身アジ・ダハーカの戦い。いずれも底知れぬ魔力の持ち主であり、壮絶な魔法の撃ち合いが予想される。だが、有利なのはやはりルシファーだろう。その名が意味する光の力は堕天使となっても健在で、数多の悪魔を打ち据えるのだ。

七つの大罪 No.02

マンモン【強欲】

Mammon

▶▶ 名前の意味・由来 ｜ 富／財宝

▶▶ 出典 ｜ 『マタイによる福音書』『ルカによる福音書』など

▶▶ 伝承地域 ｜ ヨーロッパほか

▶▶ 能力 ｜ 金にがめついイメージが先行するが、ルシファーやベルゼブブと同等ともされる大悪魔だ。そのためポテンシャルは侮れない。

- 速さ 8
- 力 4
- 防御 4
- 生命 7
- 魔力 9
- 知能 10

illustration:米谷尚展

"富"から生まれた強欲の悪魔

キリスト教における「七つの大罪」のうち"強欲"を司り、「不正な手段で築いた富」を象徴する存在。マムモン、マモンなどとも呼ばれる。新約聖書に具体的な記述はないが、キリスト教が普及した中世には悪魔とされている。絵画では、人間の体に鳥の頭（双頭のこともある）という姿で描かれることもあるが、これは似た名の悪魔アモンの影響による。

ミルトンの『失楽園』では、マンモンは元天使でありながら金にしか興味がないという有様で、ルシファーらとともに地獄に落とされても、金脈を掘りあてて住処の万魔殿を装飾したほどだった。人間に金鉱の掘り方を教えたのもマンモンであり、金品に執着させ堕落させるように仕向けるという。資本主義国家は、まさしくマンモンのしもべということだ。

第一章

七つの大罪｜マンモン

STRONG POINT
金を利用した狡猾さ

金銭を利用して相手を堕落させたり操る姿はじつに悪魔らしいといえる。人間や人間くさい感情を持つ相手は、マンモンの誘惑に打ち勝つのは難しいだろう。

WEAK POINT
欲に打ち勝てば恐くない

富を利用した誘惑以外にマンモンに特殊な力はほぼなく、腕っぷしが強いということもなさそうだ。富に興味を示さない悪魔なら、一方的に攻め勝てる。

COLUMN

金銭の悪魔が
生まれた経緯

新約聖書を構成する書物のひとつ『マタイの福音書』には、「神とマモン（富）に仕えることはできない」という記述がある。これは一般に「金銭に執着してはいけない」と解釈される文章だ。だが、いつしか時代が下っていくとともに、このマモンがいわゆる"不正で得た汚いお金（富）"へと解釈が変化していき、やがて人格化された悪魔マンモンが誕生したのである。

VS 悪魔バトル
財を利用して陥れる
シェムハザ
(P.38)

マンモンの得意とする富の誘惑が、同じ悪魔にどれだけ通用するかは謎だが、女性の美しさに惹かれたシェムハザのように人間くさい一面のある相手にならば効果があるかも知れない。あるいは、買収した女性を利用して不意打ちするような"らしい"手段もあるだろう。

七つの大罪 No.03

Leviathan

レヴィヤタン【嫉妬】

▶▶ 名前の意味・由来 ｜ 渦巻く者

▶▶ 出典 ｜ 『ヨブ記』

▶▶ 伝承地域 ｜ イスラエル

▶▶ 能力 ｜ 見た目に違わず物理型の悪魔。全身にびっしり生えた強固な鱗はあらゆる攻撃を弾き返す。大悪魔に名を連ねるだけあり、魔力や知能も一流だ。

速さ 6
力 9
防御 10
生命 8
魔力 7
知能 7

illustration：合間太郎

地獄の海を統べる凶悪な大提督

第一章 七つの大罪―レヴィヤタン

　旧約聖書の『ヨブ記』などに登場する巨大な海の魔物。ラテン語読みのレヴィヤタンよりも、英語読みのリヴァイアサンのほうが馴染みあるかもしれない。唯一神が天地創造の5日目に造った生物で、当初は雌雄一対だったが、あまりの狂暴さに繁殖しないよう雄は殺された。その姿は魚や鯨、あるいはワニ、蛇、竜など諸説あるが、鋭い牙が並び炎を吐く口、非常に硬い鱗で覆われた体、そしてひとたび泳げば海が逆巻くという点は共通だ。中世以降になると、サタンやベルゼブブに次ぐ大悪魔として認識されるようになり、"嫉妬"を司るほか、水を支配し、地獄の偉大なる海軍提督を務めるとされた。また大のウソつきで、旅行者に取り憑いて、人のだまし方や詐欺の方法を伝授するようだ。

STRONG POINT
並外れた巨体と水を操る力

重厚な鱗に覆われた巨体は、それだけで相手を圧倒し、蹂躙するパワーを秘めている。さらに水を自在に操る能力は、海での戦いで無類の力を発揮するだろう。

WEAK POINT
陸上では本領を発揮できない

海では無敵ともいえる巨体が、陸上では足枷になる。人間やあるいは悪魔じみた姿に変化することもできるが、戦闘力は大きく損なわれるだろう。

COLUMN
唯一神に創造された陸・海・空の怪物たち

　天地創成時に造られた巨大生物は、レヴィヤタン以外にも2体いる。1体はベヒモスだ。レヴィヤタンが最強の海洋生物であるのに対し、ベヒモスは最高の陸上生物といわれる。草食で温厚な性格だが、中世以降は悪魔として扱われることもあった。もう1体は、ユダヤの伝承に登場する巨鳥ジズで、天空を象徴する。ただ聖書に記述がないため、除外されることも多い。

VS 悪魔バトル
巨体とパワーで押し潰す
VS ダゴン (P.74)

お互いに水を領分とする悪魔同士の戦い。地力や体格において勝るのはレヴィヤタンに違いなく、正面からぶつかり合えば圧勝できるだろう。だが、ダゴンの魔力は侮れず、武装することもできる。レヴィヤタンの裏をかくように立ち回れれば、一矢報いる機会は十分にありそうだ。

七つの大罪 No.04

Satan

サタン【憤怒】

▶▶ 名前の意味・由来 | 敵対者/妨げる者

▶▶ 出典 |
『創世記』『ヨハネの黙示録』など多数

▶▶ 伝承地域 |
イスラエル

▶▶ 能力 |
悪魔の親玉であるサタンの能力が高いのは当然といえる。ただ天使たちとの戦いで負けたことから、直接戦闘力まで破格なわけではなさそうだ。

速さ 9
力 8
防御 7
生命 8
魔力 9
知能 10

illustration:池田正輝

悪魔界のトップとして君臨する

サタンとは、現在では"悪魔"を意味する名詞のひとつであると同時に、一般の悪魔たちの支配者でもある。このような魔王としてのサタンは"憤怒"を司り、唯一神の信者を誘惑し、罪を犯すように仕向ける。アダムとイヴをそそのかし、楽園から放逐される原因を作った蛇もサタンの化身とする説がある。じつはサタンが悪魔の代名詞となったのはキリス

ト教の成立以降であり、魔王としての性格付けも後世の神学者や創作物の影響が大きい。旧約聖書では"神の命令"の代行者として人間に試練を与える存在であり、否定的に書かれることは少なかった。本当は堕天などしておらず、犯罪結社のなかに紛れて捜査する囮捜査官のような役目を果たしているだけの、れっきとした天使なのかもしれない。

第一章 七つの大罪—サタン

STRONG POINT
絶対的なカリスマ

魔界でも並み居る悪魔どものトップとして君臨している。それもサタン自身の強さと、悪でありながらカリスマ性にあふれているがゆえだ。

WEAK POINT
真っ向勝負ではやや劣る

大天使ミカエルに敗れたことから、純粋な力による戦いでは、サタンは最強というわけではないようだ。

COLUMN

「サタン」という称号

サタンとは固有の存在ではなく、神の命令で人間に試練を与える天使の"役職"のようなもの、あるいは悪魔の頭領の称号とされることもある。最も有名な者がルシファーであり、すなわちルシファーが固有名、サタンが役職名というわけである。ほかにもベルゼブブ、アザゼル、サマエル、マステマといった大悪魔がサタンと同一視されることがある。

VS 悪魔バトル
悪魔の軍を用兵術で指揮する
アンラ＝マンユ
(P.96)

ともに下級の悪魔を統べる支配者同士の戦い。ほぼ無限に配下を生み出せるアンラ＝マンユに分があるといえるが、用兵などはかつて"もっとも頭が良い天使"と謳われたサタンのほうが上。物量を巧みな戦略で押し込めればサタンに勝機があるといえる。

七つの大罪 No.05

アスモデウス【色欲】
Asmodeus

▶▶ 名前の意味・由来 ｜ 裁きの霊？

▶▶ 出典 ｜ 『トビト記』『ゴエティア』など

▶▶ 伝承地域 ｜ イスラエル

▶▶ 能力 ｜ 悪魔らしい狡猾さがあり、天文学などに関する知識も豊富。また、凶暴なアエーシュマが由来ならば格闘能力も高いと考えられるだろう。

- 地位 ▶ 王
- 軍団数 ▶ 72

能力値:
- 力 10
- 速さ 8
- 知能 9
- 防御 5
- 魔力 8
- 生命 8

illustration：月岡ケル

性欲で人を堕落させる

アスモデウスは「七つの大罪」のひとつ"色欲"を担当する悪魔だ。さらにソロモン王が使役した魔神の1柱でもある。色欲の悪魔だけあって、夫婦の夜の営みを台無しにしたり、夫に不貞をそそのかすなど、性にだらしなくする。また酒や賭博などの娯楽にも溺れさせようと誘惑する。由来はゾロアスター教の凶暴な悪魔アエーシュマに、神という意味の語尾デウスがついたもの。魔術書『ゴエティア』では、左右の肩に雄牛と雄羊の頭がひとつずつあり、蛇の尾を生やし、足はガチョウという男の姿で、槍を携えて竜にまたがり火を噴く。算術、天文学、幾何学、手工芸に通じており、宝物の守護者だ。正しい形式で召喚すれば、こうした学問に対する知識を与えてくれたり、宝の在処を教えてくれるという。

第一章

七つの大罪｜アスモデウス

STRONG POINT
憑依によるだまし討ち

単に堕落させるだけでなく、人間に取り憑いて他者を攻撃する方法も得意とする。これを上手く利用すれば先制攻撃を仕掛けることはたやすい。

WEAK POINT
天使直伝の魔よけの煙

大天使ラファエルが人間に教えた「魚をいぶした煙」に耐えきれず逃げだし、捕縛されるという醜態をさらしている。

COLUMN

人間に憑依し
何人も殺害する

旧約聖書外典『トビト記』では、アスモデウスがサラという女性に取り憑き、結婚初夜に相手の男性を絞め殺すということを7回も繰り返していた。しかし、人間に化けた大天使ラファエルに「魚の内臓を香炉に入れていぶす」ことを教えられた8度目の結婚相手がそれを実行すると、臭いを嫌ったアスモデウスはサラから離れ、ペルシアからエジプトまで逃げたがそこで捕まり幽閉された。

VS 悪魔バトル
好色の誘いは悪魔をも破滅させる
アザゼル
(P.36)

人間の女性に弱いアザゼルにとって、性的に堕落させる力を持つアスモデウスは天敵ともいえる相手だ。たとえアザゼル自身に能力が効かなくとも、周囲の女性を使って誘惑を仕掛け、油断しきったところを攻撃すればアスモデウスの勝利は難しいものではない。

七つの大罪 No.06

ベルゼブブ【暴食】
Beelzebub

▶▶ 名前の意味・由来｜高き館の主／蝿の王／糞山の王

▶▶ 出典｜『列王記』

▶▶ 伝承地域｜イスラエル

▶▶ 能力｜キリスト教の悪魔で三指に入る超大物だけあって、能力も当然ハイレベル。蝿の王に由来する、しぶとい生命力と目にも止まらぬ飛行速度が特徴だ。

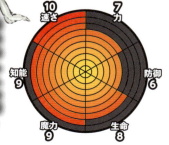

illustration：森野ヒロ

不浄なる蝿の群れの統率者

ルシファーと並び称され、実力ではサタンをも凌ぐとされる最強クラスの悪魔。「七つの大罪」では"暴食"を司る。ベルゼバブ、ベルゼブル、あるいは仏語読みでベルゼビュートと記されることもあるその名は、ヘブル語で「蝿の王」「(蝿が集る)糞山の王」という意味であり、ゆえに近代では蝿をモチーフにすることが多い。ただ、本来は多彩な姿の持ち主で、漆黒の巨体に2本の角が生えた頭、蝙蝠に似た翼に獅子の尾とアヒルの両足という化け物じみた姿や、逆に威風堂々とした賢王の姿で描写されることもある。有名な能力は、神託を授けること、作物を蝿害から守ることなど。だが、この悪魔がもっとも好むのは、さまざまな手管で唆して罪を犯させ、破滅へ追い込むことなのを忘れてはいけない。

第一章 七つの大罪｜ベルゼブブ

STRONG POINT
蝿を操り、災厄を撒き散らす

ベルゼブブ最大の武器はやはり蝿を使役する力だろう。蝿は疫病の媒介者であり、いわば死と不浄の運び手。無数に湧き出る彼らの追跡から逃れられる者はいない。

WEAK POINT
聖なる力はやや苦手

かつてベルゼブブに取り憑かれた人間が、聖餅によって祓われたという逸話がある。弱点というほどのものではないが、聖なる力にはやや苦手意識があるようだ。

COLUMN

貶められた
ペリシテ人の豊穣神

ベルゼブブは本来「高き館の主」「気高き主」を意味するバアル・ゼブルという名だった。これはペリシテ人の最高神バアルの尊称で、神託を授ける力はその名残というわけだが、異教を排斥するヘブライ(ユダヤ教徒)が邪神として蔑み、ゼブル(高位)をゼブブ(蝿)に置き換えて旧約聖書の『列王記』に記した。さらに新約聖書にも「悪霊の頭領」と記述され、悪魔となったのだ。

VS 悪魔バトル
恐るべき魔力のぶつかり合い
VS ベリアル
(P.44)

最強クラスの悪魔と目されるベリアルとの一戦。ベルゼブブは呪詛と蝿による病魔、ベリアルは炎の魔力で対抗する形になる。どちらが勝ってもおかしくない互角の戦いだが、わずかにベルゼブブが有利だろうか。無限に現れる蝿の群れを炎で駆逐できればベリアルにも勝機がある。

七つの大罪 No.07

ベルフェゴール【怠惰】
Belphegor

▶▶ 名前の意味・由来 ｜ ペオル山の主神

▶▶ 出典 ｜ 『民数記』

▶▶ 伝承地域 ｜ イスラエル

▶▶ 能力 ｜ 直接的な戦闘力はわからないが、不信や怠惰へと導くことを得意とすることから、相手の闘争心を削いで弱体化させる搦め手が得意な悪魔だ。

- 速さ 8
- 力 6
- 防御 8
- 生命 8
- 魔力 10
- 知能 9

illustration：合間太郎

便座に腰掛けた悪魔

悪魔によって姿はさまざまだが、「七つの大罪」で"怠惰"を司るベルフェゴールはとくに変わっている。プランシーの『地獄の辞典』において、2本の角が生えた醜い外見で、洋式トイレに座った格好で描かれているのだ。ユダヤ伝説に、この悪魔が「便器や排泄物を与えると喜ぶ」とあるかららしい。とはいえその起源は、ヨルダン西部モアブで信仰されていた性愛の神バアル・ペオル（ペオル山の主神）にある。旧約聖書『民数記』によれば、信徒の女性たち（もしくはバアル・ペオル自身の化身）がイスラエルの民を誘惑し、供儀の食事を一緒にし、多くを改宗させた。唯一神はこれに激怒し、疫病を放った。モーセらが改宗者を殺して唯一神の怒りは収まったが、それまでに2万4千人が死んだ。

第一章 七つの大罪｜ベルフェゴール

STRONG POINT
怠惰への導き

どんなに闘争心あふれる相手であってもベルフェゴールの能力で怠けさせられてしまえば、再び戦うことはできなくなるだろう。

WEAK POINT
人間不信

「幸せな結婚生活はあるか？」という疑問を解決するため何組もの夫婦を観察した結果、男女の醜さを知り人間不信に陥っている。

COLUMN
フランス人とベルフェゴール

フランスには「地獄から派遣されたベルフェゴールは、ルーヴル美術館に棲みついている」という言い伝えがある。この有名な都市伝説を元に、1927年に『Belphegor』という映画が作られ、1964年には『ベルフェゴールは誰だ Belphegor ou le Phantom du Louvre』というTVシリーズまで放送された。ベルフェゴールは、ある意味で「オペラ座の怪人」のライバルなのである。

VS 悪魔バトル

真に好色なのはどちらだ？
アスモデウス (P.24)

どちらがより人間を、性にだらしなくさせられるかの対決。七つの大罪にも数えられるので性愛能力はアスモデウスのほうが上だが、ベルフェゴールが怠惰の能力でアスモデウスの行動を阻害してしまえば、勝負を優位に運ぶことが可能だろう。

Devil Battle 1
悪魔バトル

頂上対決勃発！ 唯一神の最高傑作でありながら堕天使となったルシファーに対し、
蝿の王へと貶められたベルゼブブが地獄の玉座を奪い取らんと挑む。
底知れぬ魔力の持ち主同士の争いに、地獄に激震が走る！

唯一神に自ら叛いた明けの明星
ルシファー

最高の天使として創造されながらも、故あって堕天したキリスト教における大魔王。「光をもたらす者」という名が示す力は、悪魔となった今でも健在で、その輝きは数多の悪魔どもを慄かせる。

詳細はP.16へ！

- 速さ 9
- 力 7
- 防御 8
- 生命 8
- 魔力 10
- 知能 9

異教の最高神から蝿の王へ
ベルゼブブ

もともとペリシテ人の最高神だったバアルが、災いを運ぶ蝿の悪魔へと歪め貶められた姿。その実力は地獄でも指折りで、ルシファーやサタンを凌ぐという説もあるほどだ。

詳細はP.26へ！

- 速さ 10
- 力 7
- 防御 6
- 生命 8
- 魔力 9
- 知能 9

illustration：森野ヒロ

Round 1
あらゆるものを腐らせる災いの蝿が
ルシファーを襲う！

ここは地獄の宮殿、王の間。地獄を統べる者の座を狙い、ベルゼブブがルシファーに迫った。先手を打ったのは挑戦者だ。玉座に静かに座すルシファーに対し、万物を腐敗させる無数の蝿を放つ。だが、ルシファーは炎の壁でこれを焼き払った。

DANGER!
災いを運ぶ蝿
ベルゼブブが操る恐るべき蝿の大軍。疫病と死を撒き散らし、触れたものを腐敗させる。

炎の壁に阻まれ、
災いの蝿が近づけない

Lucifer
LIFE 80000/80000

Beelzebub
LIFE 80000/80000

Round 2
ベルゼブブの闇刃が
ルシファーに振り下ろされる！

蝿の群れが届かないと見るや、ベルゼブブは闇を
凝縮して巨大な刃を作り出し、玉座もろともルシ
ファーを両断しようと畳み掛ける。だがルシファー
は翼を広げて素早く空中へ舞い上がり、間一髪で
攻撃を回避した。

ルシファーは華麗に宙に舞い、闇刃の一撃をかわす！

DANGER!
闇の刃
ベルゼブブの底知れぬ魔力を凝
固させた暗黒の刃。掠っただけで
も相手を死に至らせる。

Lucifer

LIFE 80000/80000

Beelzebub

LIFE 80000/80000

Round 3

ルシファーの反撃！
必殺の光弾がベルゼブブを狙う

飛翔したルシファーは素早く反撃に転じた。6枚の翼から生じた光弾が、青白い光跡を残しながらベルゼブブに襲い掛かる。ベルゼブブは闇の障壁で防ごうとしたが間に合わず、刺し貫かれた。苦手とする聖なる力によって傷を負ったベルゼブブは、敗北を認め撤退するのだった。

障壁を破られ、深手を負ったベルゼブブは敗走した！

DANGER!

光弾

堕天使となったのちも、ルシファーの光の力は健在。闇に属する悪魔に対してこの上なく有効な攻撃だ。

ルシファーの勝利！！

Give Up!

Lucifer
LIFE 80000/80000

Belzebub
LIFE 8000/80000

COLUMN

七つの大罪とは？

"七つの大罪"の起源から悪魔と結びつくまでの流れ

　"七つの大罪"とは、おもにカトリック教会で人間を罪に導くと定義された主たる感情や欲望のこと。教会のカテキズム（司祭が信徒に説く教えをまとめた書物）にも記載されている。もっとも原語通りに訳すなら「七つの死に至る罪」で、日本のカトリック教会では「七つの罪源」と訳される。

　発端となったのは、4世紀にエジプトのポントスで活動した修道士のエウァグリオス。彼は修行するうえで妨げとなる誘惑を研究し、著書『修行論』のなかで暴食、色欲、金銭欲、悲嘆、憤怒、怠惰、虚栄、傲慢を"8つの想念"として記した。6世紀のローマ教皇グレゴリウス1世は「傲慢がすべての悪の根源」と考え、別格とした傲慢をリストから外し、怠惰に代わって強欲を入れた残りの7つを「七つの主要な悪徳」とした。13世紀の神学者のトマス・アクィナス

は著書で枢要徳（キリスト教徒の7つの徳目）を定義し、その対比となる枢要悪に「七つの主要な悪徳」を採用。悲嘆に代わって怠惰を復活させ、憤怒と順番を入れ替えている。その後も"七つの大罪"は受け継がれ、現代の形になったわけだ。

　一方、悪魔を分類する考えは11世紀からあり、悪魔学が盛んになり始めた15世紀にはスペインの司教アルフォンソ・デ・スピナ、ドイツの神学者ハインリヒ・コルネリウス・アグリッパなどが自著で試みている。"七つの大罪"と悪魔を結び付ける考えもこうしたなかで生じ、異端とされたロラード派の書物『ランタンの光』では、傲慢とルシファー、嫉妬とベルゼブブ、憤怒とサタン、怠惰とアバドン、強欲とマモン、暴食とベルフェゴール、色欲とアスモデウスが結び付けられた。現在よく知られているのはドイツの神学者ペーター・ビンスフェルトによるリストで、本書で紹介した七つの大罪の悪魔もこれに準じている。

七つの大罪の移り変わり

4世紀 エウァグリオス		6世紀 グレゴリウス1世		13世紀 トマス・アクィナス		現代 カトリック教会のカテキズム	
1	虚栄	1	虚栄	1	虚栄	1	傲慢
2	強欲	2	強欲	2	強欲	2	強欲
3	怠惰	3	嫉妬	3	嫉妬	3	嫉妬
4	憤怒	4	憤怒	4	憤怒	4	憤怒
5	色欲	5	色欲	5	色欲	5	色欲
6	暴食	6	暴食	6	暴食	6	暴食
7	悲嘆	7	悲嘆	7	怠惰	7	怠惰
8	傲慢						

※傲慢を悪徳の根源とし、そこから生じる7つの悪徳を設定

※悲嘆に代わって怠惰が復活。順番が入れ替わる

※リストに傲慢が復活、順番が整理された。

第二章

堕天使

Fantasy Devil Encyclopedia

堕天使 No.01 アザゼル / Azazel

▶▶ 名前の意味・由来 | 神に力を与えられし者

▶▶ 出典 | 『レビ記』『アブラハムの黙示録』など

▶▶ 伝承地域 | イスラエル

▶▶ 能力 | 直接戦う描写などはほとんどないが、武器の知識に秀でており、かつ高位の悪魔であることから、相応の能力はあると見ていいだろう。

- 速さ 6
- 力 5
- 防御 5
- 生命 7
- 魔力 8
- 知能 9

illustration:七片 藍

ユダヤ教徒が山羊を捧げた悪魔

第二章　堕天使─アザゼル

アザゼルは、一説ではサタンよりも起源が古い。旧約聖書偽典の『アブラハムの黙示録』によれば、人間を誘惑する地獄の統率者であり、蛇の頭に14の顔、14枚の翼を生やした姿をしている。また旧約聖書の『レビ記』によれば、ユダヤ教徒は年に一度、山羊を荒野に放ってアザゼルに捧げることで、自分たちの罪を負わせて身を清めている。ただ、ここに登場するアザゼルが具体的に何を指すのかには諸説あり、崖や山だとも、悪霊だともされている。後世この記述がもとになって悪魔のアザゼルが誕生した。なお身代わりを意味する「スケープゴート」は、この『レビ記』の物語がもとになっている。『第一エノク書』では、地上で不法を教え天上の永遠の秘密を明かしたため、ラファエルによって縛られ、荒野の穴に放りこまれて石を置かれた。

STRONG POINT
戦いに関する知恵

見張りの天使グリゴリの一員として人間に武具の作り方や手入れを教えているため、戦術などの知識に長けているのは間違いないだろう。

WEAK POINT
なし

弱点とするものなどはわかっていない。ただ『第一エノク書』ではシェムハザともども天使に負けているので、ほかの悪魔同様、神の庇護を受けた者は苦手なのかも知れない。

COLUMN
グリゴリの一員たる"アザエル"

アザゼルはシェムハザと同じ見張りの天使グリゴリの一員であり21体の頭目のひとりだった。やはり人間の女性に魅了されて堕天し、人間たちに剣と盾の作り方、宝石や化粧道具の使い方を教えたという。またこの逸話はイスラム教にも伝播しており、「イブリースはもともと"アザジル"という名前であり、神に逆らい悪魔となったときにイブリースと改名した」という伝承がある。

VS 悪魔バトル
アザゼルの誘惑は女悪魔を籠絡できるか?
ヴェパル（P.138）

女性に美容に関係する知識を教えて堕落させたというアザゼルの力が、人魚の姿をしたヴェパルにも通用すれば、戦わずして戦意を喪失させられる。しかし、通じなければヴェパルの猛毒がアザゼルを襲うのは必至で、文字通り命がけで口説くことになるだろう。

堕天使 No.02

シェムハザ
Shemhaza

▶▶ 名前の意味・由来 | 強さ

▶▶ 出典 |
『第一エノク書』『ゾーハル』など

▶▶ 伝承地域 |
イスラエル

▶▶ 能力 |
グリゴリの長であり、ある程度以上の能力はあったと推測できる。だが、ミカエルたちに敗北したことを考えれば戦闘力はそれほど高くない。

- 速さ 5
- 力 4
- 防御 5
- 生命 7
- 魔力 9
- 知能 9

illustration：桑代剛志

禁忌を犯して人間を娶る

天使のなかには人間の見張り役を担う「グリゴリ」という集団がいた。そのリーダーがシェムハザだ。あるとき彼らグリゴリは人間の女性の美しさに魅了されて地上に降り、禁忌を犯して妻にしたのである。このとき、シェムハザはほかのグリゴリが裏切らないように強要したとも、逆に自分は消極的だったが仲間を止められず結局自分も結婚したともいわれる。

こうして元天使と人間とのあいだには巨人の化物「ネフィリム」が誕生し暴れだした。さらにグリゴリは、それぞれが持つ知識を人間に伝える。とくにシェムハザは魔術を教えた。こうした知識を得た人間は、神の教えに従わなくなり、姦淫や争いが起きるようになってしまった。地上はグリゴリの堕天がきっかけで、悪徳に染まったのである。

第二章 堕天使｜シェムハザ

STRONG POINT
配下と子どもたち

シェムハザ自身の能力はほとんど語られていないが、多くの配下がおり、人間とのハーフの巨人ネフィリムからなる軍隊はかなりの驚異だ。

WEAK POINT
意志の弱さ

人間の女性の美しさに負けて堕天していることから、誘惑に弱いのは間違いない。弁説や幻惑を得意とする相手には簡単にだまされる可能性が高い。

COLUMN

シェムハザたちと地上のその後

シェムハザたちの行為は、神も知ることになり、彼らはミカエルら大天使によって捕えられ、ネフィリムも倒された。彼らは罰として「最後の審判」が行われる日まで、荒野の穴の中で逆さ吊りにされている。さらに神は敬虔な信者だったノア一家や一部の動物を除く地上のあらゆるものを洪水で押し流し、乱れに乱れた地上を清めた。これは日本でも有名な「ノアの方舟」物語の一節である。

VS 悪魔バトル
巨人と巨竜の大激突
アジ・ダハーカ
(P.104)

シェムハザは仲間の天使と共闘したり、子どもであるネフィリムたちを使役した戦法が主軸となる。強大なドラゴンであるアジ・ダハーカでも、何体ものネフィリムを相手にするのは苦しいが、その巨人たちを倒しさえすれば、シェムハザを打ち倒すのはたやすいだろう。

堕天使 No.03 マステマ / Mastema

▶▶ 名前の意味・由来 ｜ 敵意

▶▶ 出典 ｜
『ヨベル書』『死海文書』など

▶▶ 伝承地域 ｜
イスラエル

▶▶ 能 力 ｜
神の庇護も受けていると考えると、これほどやっかいな悪魔はいないだろう。悪魔の首領ともされ、能力そのものはほかの大悪魔と遜色ない。

- 速さ 6
- 力 7
- 防御 7
- 生命 8
- 魔力 9
- 知能 9

illustration：森野ヒロ

神の命令で人間を試す

第二章　堕天使──マステマ

ユダヤ、キリスト教における悪魔は、そのほとんどが神の意志に叛き天使の位から堕ちた存在である。そのなかにあって、マステマ（マンセマトとも）は"神から人間を誘惑することを許された"珍しい悪魔だ。悪霊の軍団を率いる頭目であり、信者を試して誤った方向へ導こうとする。ユダヤ教の預言者アブラハムの前に現われては「息子を生贄に捧げよ」と通告してその信心を試した。海を割るエピソードで有名なモーセを殺そうと、魔術師を操ったこともある。こうした信者を試す行いから、マステマをサタンと同一視する意見もある。だが前述のように、これらの行為はすべて神の命令で行われた可能性があり、もしそうであれば、マステマは悪魔でありながら神の忠実なしもべでもあると言えるだろう。

STRONG POINT
神の公認
悪魔は信仰の力に弱いのが通例だが、神に存在が認められているマステマはその限りではなく、むしろ最大の武器となる。

WEAK POINT
あくまで"試す"のみ
マステマの役目はあくまで信仰を試すために障害を与えることであり、試練を乗り越えられさえすれば恐いものではない。

COLUMN
なぜマステマが神の公認を受けたのか

39ページの方舟神話のあと、ノアは神に「世界中の悪魔や悪霊を地下に閉じ込めておきたい」と祈りを捧げた。しかし、マステマは「地上に厄介な存在を少し残しておくべき」と異議を唱え、なんと神はこの意見を受け容れたのである。その結果、マステマは神の命によって一部の悪魔の軍勢を率い、人間を試す存在として暗躍するという役目を担うことになったのだ。

VS 悪魔バトル
悪霊の軍隊は誘惑を打ち破れるか
マーラ（P.106）

ともに重要人物を誘惑した実績を持つ悪魔同士の戦いだ。お互いを誘惑し操ることは難しいが、マステマには悪霊の軍団がいるため手数で有利だ。一方で、戦闘力はマーラのほうが高く、もし手下たちがマーラの誘惑に屈してしまったらマステマの敗北が一瞬で決まってしまうだろう。

堕天使 No.04 アバドン
Abaddon

▶▶ 名前の意味・由来 ｜ 破壊／奈落

▶▶ 出典 ｜
『ヨハネの黙示録』『天路歴程』

▶▶ 伝承地域 ｜
イスラエル

▶▶ 能力 ｜
サタンを縛りつけるだけでなく、世界の終末には毒を持つイナゴを操り大暴れする。搦め手に真っ向勝負も得意と、死角のない実力者といえる。

- 速さ 8
- 力 9
- 知能 5
- 防御 6
- 魔力 8
- 生命 9

illustration：合間太郎

最後の審判に現われ、選別する

第二章 堕天使―アバドン

アバドンは、キリスト教において「最後の審判」の時に現われ、人間を選別する存在だ。その刻限が訪れるとイナゴの群れを率いて底無しの穴から現われる。このイナゴは「長髪の人間の顔をして金の冠のようなものを被り、獅子の牙を持つ。翼とサソリのような尾を持ち、胸当てをしている」という異形で、神の意志に従わない者のみを狙う。その尾で刺されると猛毒が体中を駆け巡り、死んだほうがマシと思える苦痛が5か月ものあいだ続くのだ。さらにアバドンは、サタンを捕え千年も幽閉したことから、その性質は神の意志に従う天使といえる。しかし人間を苦しめる行為などが手伝ってか、今日では悪魔とされることが一般的だ。なお、ギリシア語ではアポリオン（Apollyon）すなわち「破壊者」と呼ばれている。

STRONG POINT
イナゴの群れ

イナゴには刺された者を半年近くも苦しめるほどの強力な毒がある。アバドン自身の強さに加えて多数のイナゴが襲い来るさまは大変な脅威だ。

WEAK POINT
なし

何かを苦手とするような描写はない。ただバニヤンの『天路歴程』では、敬虔な信者に剣で刺されており、防御力は高くない可能性がある。

COLUMN
"アバドン"という地名

キリスト教よりも前に成立したユダヤ教の聖典の旧約聖書では悪魔としてのアバドンは登場していない。じつはもともとアバドンとは「奈落」「破壊の地」といった意味で、地獄の一角を指す地名だったのだ。これが『ヨハネの黙示録』で人格化され有名になっていく。後世の悪魔学にも盛り込まれ「死の天使」と呼ばれたり、サタンやサマエルなど大悪魔と関連づけられることもある。

VS 悪魔バトル
毒をもって悪魔を制す
アンラ＝マンユ (P.96)

多数の手下を生み出せるアンラ＝マンユも、アバドンの使役するイナゴの毒にはひとたまりもない。しかし、もしもイナゴの毒がまったく効かないようならば、多数で襲い来るアンラ＝マンユ達に物量で押しつぶされてしまうことだろう。

堕天使 No.05 ベリアル / Belial

▶▶ 名前の意味・由来 ｜ 無価値／無益

▶▶ 出典 ｜
『十二族長の遺訓』『ゴエティア』
『地獄の辞典』『悪魔の偽王国』
『魔女術の開示』など

▶▶ 伝承地域 ｜
イスラエル

▶▶ 能力 ｜
ルシファーやサタンにも比肩するほどの力があり、悪そのものであることからカリスマに満ちあふれた大悪魔である。

- 速さ 7
- 力 8
- 知能 7
- 防御 7
- 魔力 9
- 生命 8

地位 ▶ 王
軍団数 ▶ 80

illustration:月岡ケル

"悪"の代名詞たる存在

第二章 堕天使―ベリアル

ベリアルは旧約・新約の両聖書において「邪悪」や「無価値」を指す言葉として何度も登場しているため、ユダヤ、キリスト教においては悪の代名詞たる存在だ。ルシファーの代わりに七つの大罪のひとつ「傲慢」を司る悪魔に置かれることもある。人々を裏切りと破滅に導くといい、邪悪な思想の人間を「ベリアルの子」と呼ぶこともあった。ヨルダンの死海付近で発見された『死海文書』では、ベリアルは闇の子の指導者であり、邪悪な罪を振りまく存在だ。魔術書『ゴエティア』では68番目の魔神とされ、火の戦車に乗る2人組の美しい天使の姿をしている。80の軍団を率いており、上手く使役できれば召喚者に優秀な使い魔を授け、周囲から（それが敵であっても）好感を抱かせるようにできるそうだ。

STRONG POINT
2体による連携

『ゴエティア』では2人組で現われるというベリアル。虚像かそれとも分身なのかは不明だが、何にせよ2体による連携攻撃は脅威だ。

WEAK POINT
天使の加護

弱点らしい弱点はないが、ベリアルの欺きも神や天使の加護を受けた者には通じない。やはり大悪魔であっても聖なる力には敵わないのだろう。

COLUMN
イエス相手に訴訟を起こす

弁説に秀でたベリアルは、なんとイエス・キリストを訴えたことがある。1382年に書かれた『ベリアルの書』によると、ベリアルは「イエスは海の底や地獄を含めたすべてを支配し、悪魔の権利を侵害している」と主張。もちろんベリアルは敗訴することになったが一部の主張が受け入れられ、「最後の審判」ののち、地獄に落ちた人間をサタンが支配する権利を勝ち取ったのである。

VS 悪魔バトル
『ゴエティア』の実力者同士の戦い

バエル（P.72）

ソロモン王が封じた72柱の魔神のなかでも実力者である両者。火の戦車を操り、ふたりがかりで攻めるベリアルはうまく連携してバエルの首を各個撃破していきたい。ただ3つの首を備えるバエルには死角はなく、冷静に迎撃されればさしものベリアルも攻め込みにくいだろう。

堕天使 No.06
サマエル
Samael

▶▶ 名前の意味・由来 ｜ 神の毒／神の悪意

▶▶ 出典
『ギリシア語バルク黙示録』
『預言者イザヤの殉教と昇天』

▶▶ 伝承地域
イスラエル

▶▶ 能力
さまざまな説があるが、いずれの場合も極めて強力な堕天使（天使）として位置づけられている。アダムとイヴを唆したという逸話から、知能は高いと推測。

- 速さ 8
- 力 7
- 防御 6
- 生命 7
- 魔力 8
- 知能 9

illustration:合間太郎

ユダヤ教に伝わる謎多き堕天使

聖書外典・偽典でその名が散見される死を司る天使、あるいは堕天使。出典によって特徴や性質が異なり、その実態は謎めいている。イヴを唆して知恵の実を食べさせた蛇がサマエルだとする説が有力で、ゆえに「赤い蛇」という異名で呼ばれる。また別の説話では、サマエルはかつて12枚の翼が生えた大天使だったが、モーセの魂の運び手に任じられた際、彼の説得に失敗

し、杖で打たれて片目を失ったという。このことから「盲目の天使」と呼ばれることもある。ほかにもサタンに匹敵する魔王だとか、アスモデやルシファーと同一視されたり、「ヘソから伸びた1本の長い毛が力の根源」といった珍妙な伝承もある。『預言者イザヤの殉教と昇天』では、マナセ王を異教崇拝に導いた「悪の王」もしくは「悪の使い」とされ、サタンやベリアルと連携していた。

第二章

堕天使 ─ サマエル

STRONG POINT
あらゆる者に死をもたらす呪毒

死を司り、毒の名を冠するサマエルにとって、最大の武器は毒以外にあり得ない。また悪魔学的には火の元素と結びつきが深いので、その手の魔法も得意だ。

WEAK POINT
力の根源たるヘソ毛

サマエルには力の源である1本の長いヘソ毛が生えており、これが損なわれると力を失うという。この説が事実ならば、サマエルの明確な弱点になる。

COLUMN

葡萄酒の生みの親

旧約偽典『ギリシア語バルク黙示録』によると、サマエルはエデンの園に、誰にも断りを入れず葡萄の木を植えたという。サマエルの勝手な行為に憤った唯一神は、葡萄の木に呪いをかけ、アダムに触れることを禁じた。しかし、サマエルはアダムを巧みに騙して葡萄酒を作らせ、それを飲ませた。こうして神の禁を破ったアダムは楽園から、サマエルは天から追放されたのだ。

VS 悪魔バトル
毒を主力とする者たちの戦い
アスタロト
(P.64)

サマエル、アスタロトともに毒を操る悪魔である。よって、お互いの毒で共倒れになるか、どちらとも効かないかという展開になるだろう。後者だった場合は、火を操るサマエルが一手有利か。だが、アスタロトには未来を見通す力があるので、立ち回り次第ではサマエルの裏をかけるだろう。

47

堕天使 No.07

Iblis

イブリース

▶▶ 名前の意味・由来｜悲嘆／絶望

▶▶ 出 典｜
『クルアーン』

▶▶ 伝承地域｜
中東をはじめとするイスラム圏

▶▶ 能 力｜
全体的に高い能力があるのは間違いない。狡猾に人間をそそのかす反面、直接戦闘を行う場面がほぼないことから腕力などは控えめか。

速さ 7
力 8
防御 7
生命 9
魔力 10
知能 9

illustration:長内佑介

人間にひれ伏すのを拒否する

第二章　堕天使――イブリース

イスラム教におけるルシファーもしくはサタンに相当する存在。シャイターン（悪魔）のトップだが、もとは楽園にある宝物の管理を任された高位の天使だそうだ。聖典『クルアーン』によれば、あるとき神アッラーは土から人間（アダム）を創造し、天使たちにひれ伏すように命令した。しかしイブリースは反抗したため怒りを買い、堕天して地獄の王になったのだ。面白いことに、このときアッラーはイブリースに、人間を誘惑する許可を与えている。つまりイスラム教では、人間を堕落するよう悪魔が試すことを、神が公認しているのだ。ただしこれが許されるのは世界が終わりを迎える「最後の審判」までであり、終末を迎えるとイブリースを含むすべてのシャイターンは消滅する運命にある。

STRONG POINT
強い信念
腹づもりはどうであれ、創造主たるアッラーに弓引くほどの胆力があったのは確か。自身の滅びを認識していても、悪魔としての役目を果たそうとする。

WEAK POINT
滅び行く宿命
どれだけの人間を堕落させようと、イブリースはやがて滅びるのは決定づけられている。大悪魔であっても結局は神の手のひらの上にいるのである。

COLUMN
中東の霊的存在　ジン

一説によれば、イブリースは光から生まれた天使ではなく、火（または煙）から生まれたジン（精霊）だという。ジンはイスラム教が興る前から中東の砂漠地帯で崇拝されていた存在で、有名な『アラジンと魔法のランプ』などに登場するランプの精もその仲間だ。一般のジンは善とも悪ともいえない存在だが、なかにも邪悪な者がおり、それをシャイターンすなわち悪魔と呼ぶのだ。

VS 悪魔バトル
大軍団同士がぶつかりあう
パイモン (P.130)

200もの軍団を率いるパイモンに対し、イブリースもまた多数の配下を従わせている地獄の王同士。お互いの戦闘能力は未知数だが、悪魔としての格は間違いなくイブリースのほうが上であり、軍隊としての士気や練度はイブリースに軍配が上がる。

堕天使 No.08

グザファン
Xaphan

▶▶ 名前の意味・由来 │ ザフォン山（の主）

▶▶ 出典 │ 『地獄の辞典』『失楽園』など

▶▶ 伝承地域 │ カナン（現シリア）

▶▶ 能力 │ 聡明な天使だったということから知能は一定以上あったと思われるが、それ以外に目立つ活躍がなく、能力はあまり高くなかったと考えられる。

- 速さ 4
- 力 3
- 防御 3
- 生命 4
- 魔力 6
- 知能 8

illustration：中山けーしょー

地獄の火の番人を務める

第二章 堕天使—グザファン

グザファンはルシファーが神に逆らったとき、賛同したひとりである。柔軟な考えを持つグザファンは天国に火を放つという策略を思いついた。しかし実行前にルシファーらは敗北し、堕天して地獄へ落とされてしまう。そこでグザファンはかまどの火の番人を任され、火が消えないよう風を送り続けているのだ。したがって現在では、グザファンは空気を送り燃焼を促進させる器具"ふいご"を持った姿で描かれることが多いが、これはプランシーの『悪魔の辞典』の挿絵の影響が大きい。ふいごではなく団扇で火をあおいで息を吹きつけるという説もある。なお、悪魔グザファンの原型は、古代エジプトで信仰されていた海上貿易の保護する神で『出エジプト記』でも言及されているバールゼフォンという神だ。

STRONG POINT
大胆な知略

天国で火事をおこすという奇策を思いつくキレ者であり、予想外の戦略を立てられたら対策するのは難しい。

WEAK POINT
戦闘力は低い

戦いでの活躍は皆無で戦闘力は低いと思われる。火を放つという搦め手を提案しているのも、腕っぷしに自信がないことの裏返しなのかもしれない。

COLUMN

『失楽園』の天使
ゼフォン

ミルトンの『失楽園』には、グザファンが天使だったころの存在であろうゼフォン（Zephon）が登場する。智天使という高い階級についていたゼフォンは、ガブリエルから命令を受け、イシューリエルという天使とともにカエルに化けて楽園に侵入したサタンを発見。正体を現しても傲慢に振る舞う彼を弁説でねじ伏せた上で連行するという功績を上げている。

VS 悪魔バトル
相手の火炎を倍返し

アモン
（P.60）

アモンの吐く火炎は脅威だが、逆にそれがグザファンが勝つためのポイントでもある。火炎をうまく風で吹き返せば必殺のカウンターとなることは必至。グザファンの真骨頂である頭脳プレイを活かした戦いで、勝機をつかみたいところだ。

堕天使 No.09 ウリエル / Uriel

▶▶ 名前の意味・由来｜神の火／神は我が光

▶▶ 出典｜
『第四エズラ書』
『ペトロの黙示録』など

▶▶ 伝承地域｜
イスラエル

▶▶ 能力｜
四大天使の一角であり、屈指の武闘派でもあるウリエルの実力は折り紙つき。悪魔にされたとはいえ、実力はまったく変わっていないはずだ。

- 速さ 8
- 力 10
- 防御 10
- 生命 8
- 魔力 9
- 知能 8

大人の事情で堕天してしまう

　四大天使に名前を連ねるウリエルには、炎をはじめとした自然現象を起こす役目があった。さらには地獄に舞い降りて、不信心者や罪人を炎で責めて苦しめて懲罰することもあるという。その強い力が崇められ、民間ではウリエルをはじめ有名な天使を信仰することが流行った。しかし本来、キリスト教は唯一神のみを信仰する宗教だ。ローマ教会は745年、聖書の正典に記載のあるミカエル、ガブリエル、ラファエル以外の天使への信仰を、厳密に禁止した。これによりウリエルは天使の列から除外され悪魔とみなされてしまったのだ。その後再び見直しが行われ、堕天使の汚名こそ返上できたが、現在もカトリックでは天使ではなく「聖ウリエル」という聖人として扱われている。

STRONG POINT
炎をはじめ自然現象を操る

地震や嵐、噴火などの自然現象を操る能力がある。とくに炎は異教徒や罪人を責めるために使用したりと、得意としている能力だ。

WEAK POINT
信仰の事情

欠点らしいものは見当たらない。しかし、信仰のあり方ひとつで天使から悪魔にされてしまうことは、本人にはどうしようもない弱点といえるかもしれない。

VS 悪魔バトル

自然を操り封殺せよ

ネルガル（P.66）

どちらも太陽と関係の深い存在であり戦いを得意とする悪魔。腕っぷしによる戦いは互角だが、ネルガルの疫病を振りまく力を防げれば、自然現象を操る力でウリエルが優位になる。逆にウリエルが疫病に侵されてしまったら絶体絶命のピンチだ。

堕天使 No.10 ルキフゲ・ロフォカレ
Lucifuge Rofocale

▶▶ 名前の意味・由来｜光から逃げる

▶▶ 出典｜『大奥義書』『赤き竜』

▶▶ 伝承地域｜フランスほか

▶▶ 能力｜狡猾に召喚者の魂を狙うが、正しい方法で脅しつければ財宝の在処を教えてくれるため、頭は良いが戦いの腕は高くないと推測できる。

速さ 5／力 3／防御 4／生命 6／魔力 6／知能 7

第二章 堕天使｜ウリエル／ルキフゲ・ロフォカレ

富を与えるが魂を要求する

ルキフゲ・ロフォカレ（短縮形はルキフグス）のことは、18～19世紀ごろにフランスで出版された『大奥義書』（グラン・グリモワール）、およびその異本『赤き竜』に記載がある。魔王ルシファー、ベルゼブブ、アスタロトに続く6体の悪魔のうちのひとりであり、ルシファーから地獄の宰相を任されている。とくに『大奥義書』には、召喚方法や使役の方法などが記載されており、召喚者の魂を奪おうと画策するルキフグスを脅しつけ、言うことを聞かせることで、この世のすべての富と財宝を手に入れることができるとされる。ソロモン王が封じた魔神の1柱にフォカロル（Focalor）という悪魔がいるが、綴りがロフォカレのアナグラムになっており、フォカロルはルキフグスの化身の可能性がある。

STRONG POINT
魂を奪うための弁説
弁論の力はかなり強く、何かと召喚者の魂を奪う契約を迫る。これを防ぐにはハシバミの枝で作った「破砕の杖」を使う必要がある。

WEAK POINT
根気がなく脅しに弱い
弁は立つが、召喚者が魂を渡す契約を拒否して脅し続ければ、やがて無償で財宝の在処を教えてしまう。

VS 悪魔バトル
金をちらつかせ魂を奪う

マンモン (P.18)

財宝を愛するマンモンに対し、ルキフゲ・ロフォカレは富をエサに相手をだまし、魂を奪う契約をさせる。ユダヤ、キリスト教おける契約の拘束力は絶大で、それは悪魔であっても絶対。一度結んでしまえばマンモンの敗北は避けられない。

悪魔バトル

謎多き堕天使サマエルと、地獄有数の実力者バエル。地獄の荒野で遭遇した両者は、互いの力量を推し量るように睨み合い、やがて戦いの構えを取った！ 大悪魔の勇名を冠する両者にとって、引くに引けない戦いが今、始まる！

「神の毒」という名の堕天使
サマエル

ユダヤ教に伝わる堕天使。その名は「神の毒」という意味で、天使だったころは死を司っていた。アダムを唆した蛇であり、火の元素と結びつきが強いことから、"赤い蛇"の異名でも知られる。

詳細はP.46へ！

- 速さ 8
- 力 7
- 防御 6
- 生命 7
- 魔力 8
- 知能 9

異教の最高神から蠅の王へ
バエル

ベルゼブブと同じく、ペリシテ人の最高神バアルをルーツとする悪魔。人、猫、蛙の頭に蜘蛛の胴体という異形だが、地獄有数の実力者であり、精強な66の軍団を率いる魔王として知られる。

詳細はP.72へ！

- 速さ 5
- 力 8
- 防御 9
- 生命 8
- 魔力 10
- 知能 7

illustration：合間太郎

Round 1
サマエルの蛇が、
猛毒を浴びせかける！

睨み合いからひと言も発することなく始まったサマエルとバエルの戦い。先制したのはサマエルだ。左腕から生える蛇を伸ばし、猛毒のブレスを浴びせかけた。並みの悪魔なら即死するほどの毒素だったが、バエルに効いた様子はなく、ただ厭そうに少し顔を顰めただけだった。

DANGER!
神の毒
名前に由来するサマエルの恐るべき猛毒。毒に抵抗力がない者を瞬時に死に至らしめる。

バエルの強靭な身体は、
毒を無効化した！

Samael
LIFE 70000/70000

Bael
LIFE 80000/80000

Round 2
バエル率いる軍団が
サマエルを強襲！

バエルが3つの頭で不可思議な呪文の合唱を始めると、悪魔の軍団が召喚され、サマエルを攻撃する。四方八方からの攻撃、さらにはバエルの透明化の魔術によって敵の姿を捉えきれず、サマエルは大いに苦しめられる。

致命傷は免れたものの、サマエルは傷つき激怒した！

DANGER!

バエルの軍団
地獄の王バエルが召喚した66の軍団。バエルの魔術と相まって極めて高い戦闘力を誇る。

Samael

Bael

56 　LIFE 45000/70000

LIFE 80000/80000

Round 3

怒れるサマエルの炎が
バエルの軍団を焼き尽くす

DANGER!

地獄の業火

火と密接な関係があるサマエルにとって、炎の扱いはお手の物。その超高熱はすべてを灰燼と化す。

傷ついたサマエルは怒り狂い、雄叫びとともに地獄の業火を呼び起こす。激しく燃え盛る炎はバエルの軍団を悉く焼き払った。そして、炎に怯んだバエルに素早く近づくと、右手に握った剣を一閃。さらに左手の蛇でバエルの頭を噛み砕き、戦いの幕を下ろした。

蛙の頭部を
蛇に噛み砕かれ、
バエルは戦意喪失！

サマエルの勝利！！

GIVE UP!

Samael

LIFE 45000/70000

Bael

LIFE 8000/80000

COLUMN

天使と堕天使の階級

教会公認の天使の位階と悪魔が漏らした悪魔の位階

　カトリック教会には、公認されている天使の位階が存在する。5～6世紀ごろの神学者、偽ディオニュシオス・アレオパギテスが記した『天上位階論』によるもので、熾天使から天使までの9つの位階に分類し、それを3つずつ「父と子と聖霊」に相当する3階級に割り当てている。この天使の位階を通じ、ディオニュシオスはどのようにして人間の魂が神に近づくのかを表したと考えられている。高位の天使たちほどより神に近づいた姿になろうするとされており、

下位の天使たちにとって上位の天使たちは啓示であり、神の恩寵をもたらす存在としている。

　一方、悪魔たちにも位階がある。悪魔学ではいくつかのリストが知られているが、なかでもとくに有名なのは、17世紀の審問官セバスチャン・ミカエリスによる"ミカエリスの階級"だろう。彼はエクソシストでもあり、フランスのエクス＝アン＝プロヴァンスで悪魔祓いをした際、修道女に憑依していた悪魔バルベリトから聞き出したとされる。もっとも研究家のあいだでは、教会が偏愛した天使の位階を揶揄するためのものという見解もある。

偽ディオニシウスによる天使の階級

	天使の階位	支配君主
上級三隊	熾天使（セラフィム）	ミカエル・セラフィエル・メタトロン・イェホエル・ウリエル・ケムエルなど
	智天使（ケルビム）	ガブリエル・ケルビエル・ラファエル・ウリエル・ゾフィエル・オファニエルなど
	座天使（スローンズ）	オリフィエル・ザフキエル・ゾフィエル・ラジエル
中級三隊	主天使（ドミニオンズ）	ザドキエル・ハシュマル・ザカラエル・ムリエル
	力天使（ヴァーチューズ）	ミカエル・ガブリエル・ウジエル・ベリエル・ハニエル・バルビエルなど
	能天使（パワーズ）	ガブリエル・カマエル・ヴァルキエル・サタン（堕天する以前）
下級三隊	権天使（プリンシパリティズ）	ケルビエル・ハニエル・ニスロク・レクエル・アマエル
	大天使（アークエンジェルズ）	ミカエル・ガブリエル・ラファエル・メタトロン・バルビエル・バラキエルなど
	天使（エンジェルズ）	ガブリエル・カイリエル・アドナキエル・ファレグ

※同じ名前が複数あるのは、さまざまな説があるため

ミカエリスによる堕天使たちの階級

	名前	天使時の位階	対抗する聖人
第一階級	ベルゼブブ	熾天使	聖フランチェスコ
	レヴィヤタン	熾天使	聖ペテロ
	アスモデウス	熾天使	洗礼者ヨハネ
	バルベリト	智天使	聖バルナバ
	アスタロト	座天使	聖バルトロマイ
	ウェリネ	座天使	聖ドミニコ
	グレシル	座天使	聖ベルナルドゥス
	ソネイロン	座天使	聖ステファノ
第二階級	カレアウ	能天使	聖ヴァンサン／聖ビセンテ
	カレニウェアン	能天使	福音記者ヨハネ
	オエイレト	主天使	聖マルティヌス
	ロステル	主天使	聖バシレイオス
	ウェリエル	権天使	聖ベルナルドゥス
第三階級	ベリアス	力天使	バオラの聖フランチェスコ
	オリウィエル	大天使	聖ラウレンティウス
	イウワルト	天使	不明

第三章
魔神

Fantasy Devil Encyclopedia

魔神 No.01

アモン
Amon

▶▶ 名前の意味・由来 ｜ 隠れた者／羊の角

▶▶ 出典 ｜
『ゴエティア』『地獄の辞典』
『悪魔の偽王国』『魔女術の開示』

▶▶ 伝承地域 ｜
ヨーロッパ

▶▶ 能力 ｜
優れた知識と人心操作の異能を有しているだけでなく、肉体的にも隙のない実力を誇る。これといった弱点が存在しない、強大な悪魔である。

地位 ▶ 大侯爵
軍団数 ▶ 40

速さ 7
力 8
防御 6
生命 8
魔力 7
知能 7

illustration:長内佑介

古代エジプトが起源の地獄の侯爵

第三章 魔神―アモン

魔術書『ゴエティア』に登場する、40の軍団を従える大侯爵である。過去と未来の知識を授けたり、人間関係を和解させたり不和を招くことができる。また、溺死者の魂に空気状の体を与えて尋問できるという説もある。召喚時は、蛇の尾があり口から炎を吐く狼だが、召喚者が命じれば、烏（もしくは夜鷹）のような頭部に犬の牙が生えた人間の姿になるという。ただしプランシーの『地獄の辞典』の挿絵では、頭は梟で狼の胴体に蛇の尾を生やしており、古代エジプトの大気の神アメンもしくはアムンと同一視されている。アメンはラーと一体化して太陽神アメン＝ラーとなり、頭部が鳥（ハヤブサ）になった。ギリシアではその名前より羊の角（＝アンモーン）のある神とされた。

STRONG POINT
大いなる知識と人心操作能力

過去と未来の知識に通じていることから、能力は全知に近い。また、人間関係を自由に操れることから、大組織や国家さえもたやすく混乱に陥れることが可能だ。

WEAK POINT
氷や冷気は苦手？

魔術書には明確な弱点は書かれていないが、炎を吐き出すという特徴から、熱には耐性がありそう。逆に、氷や冷気などによる攻撃手段は苦手な可能性がある。

COLUMN
人間と合体してデビルマンに

永井豪の漫画『デビルマン』で、主人公の不動明と合体した悪魔がアモンである。不動明がデビルマンの姿に変身した際には、コウモリのような黒い翼を生やし、『ゴエティア』の記述にあるように炎を吐いた。作中のアモンは悪魔たちから「勇者」や「地獄の野獣」と呼ばれており、闘争にかけては凶暴な悪魔たちからも一目おかれる強力な存在として描写されている。

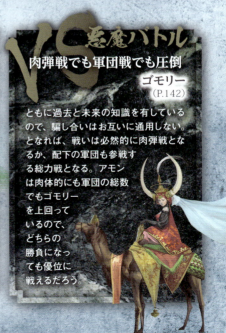

VS悪魔バトル
肉弾戦でも軍団戦でも圧倒
ゴモリー（P.142）

ともに過去と未来の知識を有しているので、騙し合いはお互いに通用しない。となれば、戦いは必然的に肉弾戦となるか、配下の軍団も参戦する総力戦となる。アモンは肉体的にも軍団の総数でもゴモリーを上回っているので、どちらの勝負になっても優位に戦えるだろう。

魔神 No.02

Lilith リリス

▶▶ 名前の意味・由来 ｜ 風（または夜）の魔女

▶▶ 出典 ｜ 『イザヤ書』『死海文書』など

▶▶ 伝承地域 ｜ イスラエル

▶▶ 能力 ｜ もとが人間との説があり、能力は控えめ。新生児を害する力があるが、戦いには向かない。彼女の武器は男たちを誘惑する妖艶さにこそある。

- 速さ 4
- 力 3
- 防御 3
- 生命 4
- 魔力 5
- 知能 6

illustration：なんばきび

イヴより先に造られし最初の女性

第三章　魔神／リリス

『創世記』には、イヴ以前に女性が創造されたと読める箇所がある。そこから「最初の女性」リリスの伝承が生じた。彼女はアダムの妻となり毎日100人の子ども（リリン）を産んだ。あるとき夫と口論しエデンの園を出奔。その後、仲裁に訪れた三天使に「アダムのもとに戻らなければリリンを殺す」と脅されたが、これを拒絶して悪魔になった。悪魔としてのリリス像は「赤子を害し、男を堕落させる淫魔」だが、これはメソポタミアの悪霊ラマシュトゥやリリトゥ、アルダト・リリなどの伝承を下敷きにしており、ともに描かれることが多い蛇との関連性もここに起因する。また「リリ」が"夜"を意味することから"夜の魔女"と呼ばれているほか、夜行性の生物（梟、蝙蝠、猫など）を従えていることがある。

STRONG POINT
あらゆる男性を魅了する淫魔

淫魔サキュバスとしての一面があるリリスの美貌は、男たちにとって危険な武器である。また、新生児（男児なら8日、女児なら20日）の生殺与奪権を有する。

WEAK POINT
戦いには向かない

赤子に対するリリスの力は、三天使の名が書かれた護符で防げる。ただ、そもそも戦いに適した能力ではないため、弱点とも言い難い。

COLUMN
現代では女性の立場向上の旗印に

リリスがアダムと決別した大きな理由は「男性であるアダムと同等の立場を求めたが、聞き入れられなかった」ためとされている。そのため現代では、女性の自由と自立、男性支配や社会からの解放を望む人々、いわゆるフェミニストのシンボルとして信仰されることがある。仲裁に訪れた天使たちの脅しに屈せず、自らの主張を貫き通した姿勢にも共感するところがあるのだろう。

VS 悪魔バトル
女性の美を争う戦い
ゴモリー（P.142）

変身ではなく、最初から女性である悪魔は非常にレアだが、ではそのなかで一番美しいのは誰か。最有力候補はやはりリリスだ。男を惑わす妖艶な美は悪魔をも虜にする。対抗馬はゴモリーだろうか。女王然とした気高い美しさが魅力で、公爵という身分もアピールポイント。果たして勝敗やいかに!?

魔神 No.03 アスタロト / Astaroth

▶▶ 名前の意味・由来 ｜ 綺羅星

▶▶ 出典 ｜
『黄金伝説』『ゴエティア』
『地獄の辞典』『悪魔の偽王国』
『魔女術の開示』など

▶▶ 伝承地域 ｜
ヨーロッパ

▶▶ 能力 ｜
地獄の三傑に数えられるほどの大悪魔で、能力は全体的に高い。とくに、あらゆる知識に精通しているという知能は、悪魔のなかでもトップクラス。

速さ 9 ／ 力 7 ／ 防御 5 ／ 生命 8 ／ 魔力 9 ／ 知能 9

地位 ▶ 大公爵
軍団数 ▶ 40

illustration：池田正輝

美しい女神から醜い悪魔に貶められる

第三章 魔神―アスタロト

『大奥義書』では、ルシファーやベルゼビュートと並ぶ地獄の支配者のひとりで、強大な権力を有する。『ゴエティア』では40個軍団の悪魔を支配下に置く大公爵で、手に毒蛇を持ち、竜に騎乗した醜い天使の姿である。口から凄まじい悪臭を放つため、近寄るのは容易ではない。召喚してその力を借りるには、悪臭を防ぐ魔法の指輪を、鼻にくっつける必要がある。原型となったのは、フェニキア地方で信仰されていた星の女神アスタルテ。美や性愛を司どる彼女は、シュメールのイナンナ、メソポタミアのイシュタル、ギリシアのアフロディーテなどと起源を同じくしており、古代世界では広く信仰を集める存在だった。しかし、旧約聖書『列王記』で悪の存在に貶められ、大悪魔となったのである。

STRONG POINT
全知の頭脳

交渉が上手くいけば、あらゆる知識を授けてくれるため、どんな秘密についても探り出してくれる。アスタロトが知らないことなど、世界には存在しないらしい。

WEAK POINT
聖人と対立

『黄金伝説』では「どんな病も治す」ということで神殿に祀られていたが、聖人バルトロマイに嘘を見破られてしまう。さしもの大悪魔も聖人は苦手なようだ。

COLUMN
本人は濡れ衣と言い張るが……

アスタロトはもともと、最高位の「熾天使」だった。だが天使の一部が神に反乱を起こした際に、反乱に加担したとされて堕天することになった。アスタロト自身は、堕天についての話になるとその経緯を詳しく語ったうえで「反乱に関与した覚えはなく不当な扱いを受けている」と、身の潔白を訴えるという。

VS 悪魔バトル
全知の能力が勝利のカギ
ベリアル（P.44）

ふたりがかりで攻めかかるベリアルに対しても、アスタロトは騎乗している竜との連携攻撃で対抗できる。肉弾戦では簡単に決着がつかないだろう。それどころか、誰も知らないベリアルの秘密の弱点を探り出すことによって、アスタロトが有利に戦える可能性も十分に考えられる。

恵みと死をもたらす古代神

第三章 魔神―ネルガル

イラクのバビロンの北西に位置する都市クターなどで信仰された、アッカドの太陽神。アッカドは紀元前2400〜2200年ごろに栄えた、メソポタミア文明最古の古代帝国である。時代の移り変わりともに、戦争や疫病の神とされたり、冥界の女王エレシュキガルを娶って冥界の支配者へと変貌していった。旧約聖書『列王記』以降では、異教の神であったため悪魔扱いされた。その姿は、頭がライオンの人間、または人間の上半身とライオンの胴体が合体した半獣半人である。名前の本来の意味は判然としないが、ユダヤ教による解釈では「糞山の雄鶏」とされた。プランシーの『地獄の辞典』では、ベルゼビュートの部下で地獄の警察長官を務めているが、本当は魔王ルシファーの監視下にあるスパイとされている。

STRONG POINT
冥界の女王をねじ伏せる力

アッカド神話には、ネルガルが冥界に攻め込み、エレシュキガルを力づくで従わせて冥界の支配者になったというエピソードがある。腕力・戦闘能力は高そうだ。

WEAK POINT
美人に弱い

冥界の支配者となるエピソードには複数のパターンがあり、そのうちのひとつではエレシュキガルにひと目惚れして、紆余曲折の末に冥界に住むことになった。

COLUMN
強すぎる力が恐れの対象に

太陽神だったネルガルが、のちに戦争や疫病の神とされたのは、この地方の太陽の陽射しの強さが原因だと考えられる。太陽は人間にさまざまな恵みを与えるが、厳しすぎる日光は死をもたらす恐ろしい存在でもあったのだ。だが、アッカド神話には、ネルガルに祈ったおかげで悪魔の軍団との戦いに勝利を収めた王の逸話もあり、熱心な信仰を集めていたのも間違いない。

VS 悪魔バトル
まともに戦えば圧勝だが……
ジャヒー (P.98)

ジャヒーの凶眼によって能力の3分の1を奪われてしまっても、力と力をぶつけあう戦いに持ち込めばネルガルが圧倒的に有利だろう。しかし、ジャヒーがネルガルの理性を奪い、誘惑してきた場合には、美人に弱いネルガルが抵抗できるかは不明。あっさりと魅了されてしまうかも？

魔神 No.05

アドラメレク
Adramelech

- ▶▶ 名前の意味・由来 ｜ 堂々たる王
- ▶▶ 出典 ｜ 『列王記下』ほか
- ▶▶ 伝承地域 ｜ イスラエル
- ▶▶ 能力 ｜ 「地獄の宰相」や悪魔の世界における「上級議会の議長」など、いくつかの肩書きがある。頭の切れる知恵者だったことは間違いないだろう。

力 7 / 防御 7 / 生命 5 / 魔力 5 / 知能 8 / 速さ 5

illustration：aohato

地獄に落ちて悪魔となる

第三章 魔神──アドラメレク

イスラエルの町セファルワイムの太陽神で、その信仰はサマリアにまで広がっていた。ユダヤ、キリスト教では悪魔とみなされ、供物として人間の子どもが捧げられたという記述がある。ミルトンの『失楽園』によれば、ほかの悪魔と同様にアドラメレクも元は天使だった。しかし、ルシファーの反乱に加担して天使ウリエルに敗れ、地獄に堕とされたのである。悪魔となったアドラメレクは、地獄の宰相あるいは書記官、悪魔議会の議長、ルシファーの衣装係など、さまざまな役割を担った。また、ベルゼブブが定めた大悪魔の階級でも8番目に数えられるなど、地獄ではそれなりに高い地位にあったようだ。その姿は体こそ人間に近いものの、馬やラバ、ときには孔雀の姿で描かれる。

STRONG POINT
実は武闘派？

天界での戦いではウリエルと対決して敗れたが、四大天使が直々に手を下していることから、アドラメレクの戦闘力はそれなりに高かったと考えられる。

WEAK POINT
なし

アドラメレクにとってウリエルは天敵であることは間違いない。ただ、ウリエルほどの天使を倒せる悪魔は少ないため、弱点とはいえないだろう。

COLUMN
小物か大物か その評価はまちまち

ドイツの詩人クロプシュトックは『救世主』のなかで「アドラメレクこそ神の最大の敵であり、その野望と悪意はルシファーにも勝る」と書いている。一方プランシーは『地獄の辞典』で「アドラメレクは地獄の書記官、悪魔の衣装係に過ぎない」としている。複数の肩書きがあり、悪魔の世界の実力者にも見えるアドラメレクだが、その評価については人によって大きく異なるのだ。

VS 悪魔バトル
勝敗の鍵を握るのは腕力
モロク (P.76)

神として崇められたり、子どもを生贄に捧げるなどの共通点からアドラメレクと同一視されるモロク。いずれも魔術などは使わないので腕っぷしの強さが勝敗を左右するだろう。モロクは残忍な性格で、血生臭いエピソードも多い。アドラメレクが気後れしないかが勝負のポイントだ。

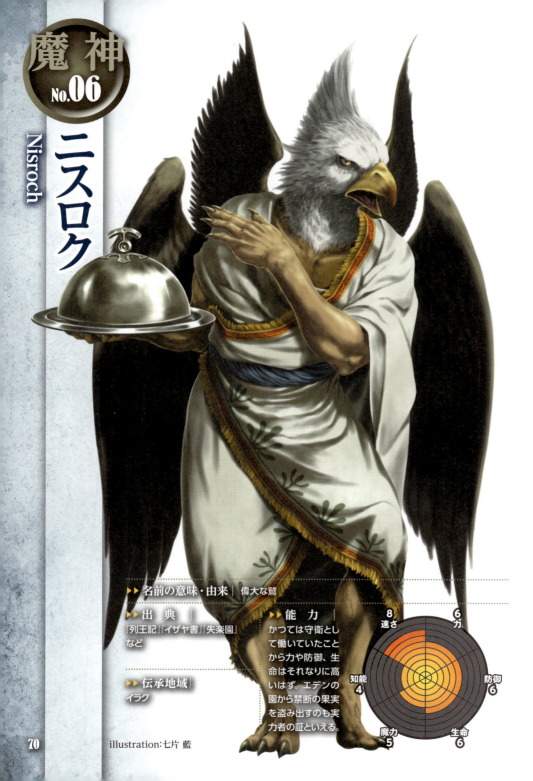

魔神 No.06
ニスロク / Nisroch

▶▶ 名前の意味・由来 ｜ 偉大な鷲

▶▶ 出典 ｜
『列王記』『イザヤ書』『失楽園』など

▶▶ 伝承地域 ｜
イラク

▶▶ 能力
かつては守衛として働いていたことから力や防御、生命はそれなりに高いはず。エデンの園から禁断の果実を盗み出すのも実力者の証といえる。

- 速さ 8
- 力 6
- 防御 6
- 生命 6
- 魔力 5
- 知能 4

illustration：七片 藍

堕天して地獄の料理人に

第三章 魔神―ニスロク

　ミルトンの『失楽園』によれば、ニスロクは天使9階級のうち、下から3番目にあたる権天使で、同じ権天使をまとめる長でもあった。さらに、エデンの園にある禁断の果実を守る役目を担っていたが、ルシファーが天界で蜂起するとその軍門に下り、唯一神と戦う道を選択。この戦いに破れたことで天界から追放されたのである。その後料理の腕を見込まれたのか、プランシーの『地獄の辞典』によれば、七つの大罪の「暴食」を司る大悪魔ベルゼブブに雇われた。地獄の料理人となった彼は、エデンの園にある禁断の果実を素材としたものをはじめ、さまざまな料理を作り、地獄の悪魔たちに振る舞った。その図像はアッシリアのニムルド遺跡から発掘され、片手に小さな鞄を持ち、もう片手で生命の樹の花に受粉している。

STRONG POINT
料理の腕

大悪魔ベルゼブブに見出されるくらいなので、料理の腕前は地獄一といっても過言ではないはず。問題はこの強みが戦闘で活かしにくいことだ。

WEAK POINT
逆境に弱い

神との戦いでは、ルシファー側が劣勢になった途端、弱音を吐き出した。逆境に弱いという性格上、格上の悪魔が相手だと勝ち目は薄いだろう。

COLUMN
神として崇められた元天使の悪魔

　『列王記』『イザヤ書』によれば、ニスロクはアッシリア王国において神として崇められていた。とくにセナケリブという王は彼を強く崇拝していたが、その軍隊が唯一神によって壊滅的な打撃を受け、セナケリブ自身も暗殺される。この一件が堕天のエピソードへと引き継がれているのだろう。自身を崇拝していた人間に対してこのような仕打ちをされれば、神を恨むのも不思議ではない。

VS 悪魔バトル
自慢の料理で唸らせる
ベルゼブブ（P.26）

通常のバトルとは異なり、このカードでは主であるベルゼブブにニスロクが料理を作り、「美味い」と言わせれば勝利となる。勝負のポイントは、ニスロクがベルゼブブの好みにそった一品を作れるかどうか。暴食を司るベルゼブブは質より量を重視しそうだが、果たして……

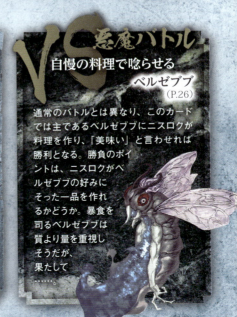

66の軍団を率いる東方の支配者

名前の発音や綴りから推察できる通り、カナン地方を中心に信仰された豊穣神バアル（Baal）を起源とする悪魔だ。『ゴエティア』では72柱の序列1番目に名が挙がり、東方の支配者で66軍団を率いる王とする。『悪魔の偽王国』では地獄の第一の王、『大奥義書』では宰相ルキフゲ・ロフォカレの配下と、いずれも最上位ではないが強力な上級悪魔として位置づけられている。その姿は諸説あるが、王冠を被った人間、猫、（紋章の形にもある）ヒキガエル、あるいはそれらが合一した頭部と、人型もしくは蜘蛛のような胴体であり、耳障りでしわがれた声で喋る。具体的な能力は明かされていないが、戦いの強さには定評があり、召喚者に奸智を授け、場合によっては透明になる魔法をかけてくれるという。

第三章　魔神―バエル

STRONG POINT
精強な軍団を率いて戦う
実際の戦いぶりは謎に包まれているが戦巧者で、地獄でも上位の大軍を率いる。また、透明化の魔法を自分や軍団にかけられるなら、戦局を有利に運べるだろう。

WEAK POINT
弱点は見当たらない
現存する資料のなかで、バエルが苦手とするものは記されていない。外見的特徴にも、とくに苦手となりそうなものは見受けられない。

COLUMN
ハロウィンとバエル

ハロウィンは、ブリテン島ケルト人のサウィン祭が起源。バアル信仰まで淵源が辿れるとの説があり、かなり血生臭い内容で子どもを生贄にすることもあった。そのためキリスト教が伝播すると、直ちに悪魔崇拝の儀式と断定された。つまり悪魔バエルの誕生だ。このとき巧妙にも、祭を強引に排斥せず「聖人（ハロー）の日」にすげ替えて民の不満を抑えた。ゆえに形を変えつつ今日まで残ったのだ。

VS 悪魔バトル
地獄の三頭王対決勃発！
アスモデウス (P.24)

地獄の王であり、見た目にも共通点がある両者の戦い。バエルは66、アスモデウスは72の軍団を率いての大戦だ。一騎打ちでは武装可能なアスモデウスが有利か。だが、バエルには透明化という切り札がある。自らを消してもよし、軍勢にかけて奇襲するもよしと、戦術ではかなり有利に立てそうだ。

魔神 No.08 ダゴン / Dagon

▶▶ 名前の意味・由来｜魚の偶像／穀物

▶▶ 出典｜『ヨシュア記』『サムエル記』『インスマスの影』など

▶▶ 伝承地域｜イスラエル

▶▶ 能力｜ルシファーとともに神に戦いを挑んだ天使のひとりだが、その戦闘力は未知数。神として信仰されるくらいなので並の悪魔よりは強い。

- 速さ 7
- 力 7
- 防御 7
- 生命 8
- 魔力 8
- 知能 8

illustration: 七片 藍

文学作品に登場し一躍有名に

第三章　魔神｜ダゴン

ダゴンは現在のイスラエル南部に住んでいたペリシテ人に崇拝されていた農耕神。イスラエル南部にはユダヤ人も住んでおり、ペリシテ人とは犬猿の仲であった。『サムエル記』には、彼らの戦争やいざこざについても記されている。そのため、後世でダゴンはユダヤ、キリスト教によって邪神もしくは悪魔にされてしまったのだ。

かつてはマイナーな悪魔だったが、フランスのオーソンヌでは、ダゴンが修道女に取り憑く事件が起こったり、文学作品に登場したことで有名になった。ミルトンの『失楽園』には、ルシファーの反乱に加担した天使のひとりとして登場。また、プランシーの『地獄の辞典』では、地獄の宮廷で働くパンの製造管理担当者として紹介された。

STRONG POINT
不明
ダゴンにまつわるエピソードはかなり少ないため、その強みは不明。かつては農耕神だったので気象を操作するなどの力があった可能性が高い。

WEAK POINT
不明
STRONG POINTと同様にこちらも謎に包まれている。作品によっては半魚人の姿で描かれることもあるので、太陽の光や乾燥などには耐性がないかもしれない。

COLUMN

クトゥルフ神話では主要な神であるダゴン

ダゴンは、Ｈ・Ｐ・ラヴクラフトによる架空のクトゥルフ神話体系にも取り入れられている。初期の短編作品『ダゴン』や代表作『インスマスの影』などにおいては「父なるダゴン」と呼ばれ、「母なるハイドラ」と対になる強大な邪神であった。「深き者ども」と呼ばれる眷属を従えているが、それは人間が徐々に変化して、寿命のない半魚人となったものである。

VS 悪魔バトル

飛行能力を封じれば勝機はある
アンズー
（P.90）

どちらも魔術などは使用せず、物理攻撃を中心に戦うはず。その場合、空を飛べるアンズーがかなり有利か。ただ、視界が悪く飛行しにくい森や林などに相手を誘い込めればダゴンにも勝機はある。それまでダゴンがアンズーの攻撃に耐えられるかどうかがポイントになるだろう。

魔神 No.09 モロク / Molech

▶▶ 名前の意味・由来 ｜ 王

▶▶ 出典 ｜
『列王記』『ゴエティア』
『地獄の辞典』『悪魔の偽王国』
『魔女術の開示』

▶▶ 伝承地域 ｜
中東

地位 ▶ 大伯爵にして総統
軍団数 ▶ 36

▶▶ 能力 ｜
副官として魔王ルシファーを支え、天使ガブリエルと一騎打ちも演じた実力者。全体的に能力が高く、とくに力や防御は地獄でもトップクラスだ。

- 速さ 7
- 力 7
- 知能 6
- 防御 10
- 魔力 8
- 生命 7

illustration:中山けーしょー

生贄を求める悪しき神

第三章 魔神―モロク

シナイ半島で信仰されていた農耕と収穫の神。旧約聖書の『レビ記』や『列王記』などでは邪神として非難されている。その姿は雄牛の頭をした人間の男性である。信者たちはモロクを召喚するために、中身が空洞の青銅のモロク像を火で熱し、そこに6歳以下の子どもを放り込んで焼き殺していたと書かれている。ミルトンの『失楽園』ではルシファーの副官として活躍し、大天使ガブリエルと一騎打ちを演じている。『ゴエティア』では21番目の魔神でモラクス（Morax）と呼ばれ、大伯爵にして総統であり、36軍団を率いる。雄牛の姿で現れるが（紋章にも雄牛の角がある）、人面になると人々に天文学や教養7科目を教授してくれる。本草学や鉱物学に長け、素晴らしい使い魔を授ける。

STRONG POINT
強靭な精神

敗れはしたが、ガブリエルと真っ向からぶつかりあったモロク。並の悪魔なら闘争より逃走を選択するはず。モロクは肉体的にも精神的にも優れた悪魔といえる。

WEAK POINT
なし

弱点らしい弱点は存在しない。強いて挙げるならモロクを打ち倒したガブリエルだが、四大天使にひとりで挑めば負けるのは無理からぬことだ。

COLUMN
生贄が行われたヒンノムの谷

人間を生贄に捧げるモロクの儀式は、ユダヤ、キリスト教による捏造ではなく、実際に行われていた可能性がある。例えばユダヤ人の聖地エルサレムの近くにはモロク信者が儀式を行ったという谷がある。そこは「ヒンノムの谷（ヘブライ語でゲ・ヒンノム）」といい、このことからユダヤ人は地獄を「ゲ・ヒンノム＝ゲヘナ」と呼ぶようになった。この呼称は『旧約聖書』にも採用されている。

VS 悪魔バトル
頭を押さえれば勝ったも同然
マルコシアス（P.134）

マルコシアスの武器は、鋭い牙と口から吐き出される炎。熱した青銅像のなかに呼び出されるモロクは、熱に対して高い耐性をもっているはずなので、牙による一撃にだけ注意しておけばいい。スキをみてマルコシアスの頭を押さえ、口を開けられなくすればモロクの勝利となるだろう。

魔神 No.10
アブラクサス
Abraxas

▶▶ 名前の意味・由来 ｜ 創造主

▶▶ 出典 ｜
『異端反駁』

▶▶ 伝承地域 ｜
ヨーロッパ、中東

▶▶ 能力 ｜
白馬がひく戦車で天を駆けることから機動力は高め。また、鎧を身に纏っているので耐久力もある。もとが神である以上、魔力も高いはずだ。

- 速さ 8
- 力 5
- 防御 8
- 生命 6
- 魔力 8
- 知能 6

illustration：合間太郎

悪魔と化した異端宗派の神

第三章 魔神―アブラクサス

知識を至上とするグノーシス主義における神もしくは神霊的な存在。頭は鶏だが、胴体は鎧を着こんだ人間で、足は蛇と化し、手には鞭と「神」を意味するアルファベットの「IAO」が刻まれた盾を持っている姿で描かれることが多い。また、移動時には4頭の白馬にひかせた戦車を利用するという。アブラクサスは悪の宇宙の外に存在する善の天国に住み、正しい知恵を手に入れた魂を、宇宙という牢獄から救い出す存在と考えられた。そのため、信者たちはアブラクサスの姿を宝石や金属に刻み込み、お守りとして持ち歩いた。グノーシス主義はローマでは400年ほど有力だったが、やがて異端としてキリスト教から弾圧され、アブラクサスもいつしか悪魔として扱われるようになったのである。

STRONG POINT
白馬がひく戦車
天国と宇宙を行き来できる戦車を所有しているので、どんな悪魔が相手でも機動力で劣ることはないはず。この戦車は攻撃にも活用できるかもしれない。

WEAK POINT
なし
アブラクサスはキリスト教によって悪魔に仕立て上げられた。そういった意味ではキリスト教が弱点ともいえるが、対悪魔戦では弱点はないに等しい。

COLUMN
アブラクサスを創造したグノーシス主義とは

グノーシス主義では「我々の生活が苦しいのは、この世界が悪の宇宙だから」という思想のもと、「諸宗教で信仰される神は悪の存在で、肉体は魂を閉じ込める牢獄だ」と教えている。したがってユダヤ、キリスト教の唯一神ヤハウェは、人間から知恵を奪い、魂を肉体に封じ、悪の宇宙に閉じ込めた悪しき存在となる。当然反発を招き、激しい弾圧を受け、この思想は表面的にはほぼ消滅した。

VS 悪魔バトル
スピード勝負に持ち込め！
ベリアル (P.44)

ベリアルは80の悪魔の軍団を引き連れるソロモン72柱の悪魔。アブラクサスは4頭の白馬がひく戦車に、ベリアルは燃え盛る戦車に乗って戦う。恐らく機動力ではアブラクサスに分があるので、1対1になれば勝機はある。アブラクサスが悪魔の軍団を排除できるかが勝負の分かれ目になるだろう。

魔神 No.11

バフォメット
Baphomet

▶▶ 名前の意味・由来 ｜ 知恵の洗礼

▶▶ 出典 ｜
『高等魔術の教理と儀式』

▶▶ 伝承地域 ｜
ヨーロッパ

▶▶ 能力 ｜
信仰心の厚い者には、富をもたらすなど、さまざまなご利益がある。バフォメットはほかの悪魔と比べると、魔力や知能といった能力が高い。

速さ 5
力 5
防御 5
生命 5
魔力 8
知能 9

illustration:長内佑介

騎士団の破滅を招いた悪魔

第三章 魔神―バフォメット

この悪魔の起源ははっきりしないが、1098年の十字軍文献に「異教徒の神」として登場するのが初出である。ただし十字軍として活動していたテンプル騎士団は、1308年にバフォメットを崇拝した罪でフランス国王に告発され、多数の団員が処刑されてしまう。その外見は黒い巻毛が生えた人間の頭部を模した、金属あるいは木製の偶像として表現されたが、騎士たちの供述が一定ではないため、実像は謎に包まれたままだ。俗説では、バフォメットの崇拝者には作物の豊穣、多産、豊かな富など、さまざまな恩恵が与えられる。

19世紀になるとフランスの魔術師エリファス・レヴィがエジプト発祥の山羊神とバフォメットの伝承を合わせた絵を公開。これが現在のバフォメットのベースとなっている。

STRONG POINT
実力は高い？

ルシファーやベルゼブブに仕える悪魔サタナキアと同一視されることもあるので、バフォメットもそれなりの実力者なのだろう。

WEAK POINT
不明

オカルトの世界ではたびたび注目されるバフォメットだが、その姿や名前の由来など、未だに謎が多く、弱点といえるようなものも見つかっていない。

COLUMN
その名前の由来はギリシア神話の女神？

バフォメットを信仰していたとされるテンプル騎士団がイスラム圏で活動していたことから、この悪魔の名前は「イスラム教の創始者マホメット（ムハンマド）に由来する」という説が広く信じられている。そのほかには、ギリシャ語で「知恵の洗礼」を意味するBaphe metisが由来という説もある。「Baphe」は「洗礼」、「metis」はギリシャ神話の知恵の女神メティスのことだ。

VS 悪魔バトル
短期決戦なら勝機はある
フルフル（P.132）

エリファス・レヴィが描いた『メンデスのバフォメット』では、大きな翼が生えていた。バフォメットが空を飛べるなら、機動力でフルフルに劣ることはないはず。悪魔の軍団を無視して接近戦を仕掛け、天候を操る力を使いにくくすればバフォメットにも勝機はある。

81

魔神 No.12
黙示録の竜と獣
The Dragon, and the Beast

▶▶ 名前の意味・由来 │ 『ヨハネの黙示録』に登場することから

▶▶ 出典
『ヨハネの黙示録』

▶▶ 伝承地域
イスラエル

▶▶ 能力
口から水を吐き出して洪水を起こしたり、空にある星を尻尾で叩き落とすなど、戦闘力は計り知れない。とくに力や魔力は地獄でもトップクラス。

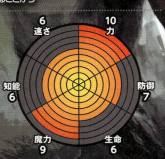

- 速さ 6
- 力 10
- 防御 7
- 生命 6
- 魔力 9
- 知能 6

illustration:長内祐介

82

世界を支配した竜と獣

第三章 魔神―黙示録の竜と獣

ウイリアム・ブレイクの鬼気迫る絵で有名な黙示録の竜と獣は、新約聖書の『ヨハネの黙示録』に登場する7つの頭と10本の角のある赤き竜と、10本の角と7つの頭のある獣だ。キリスト教では竜は悪しき存在と考えられ、この竜は悪の権化たるサタンが変身した姿とされた。竜の7つの頭は、人間が決して犯してはいけない七つの大罪を、10本の角は犯してしまいがちな小さな罪を象徴しているそうだ。この竜が初めて登場するのは『ヨハネの黙示録』の中盤。竜は聖母マリアと、彼女のお腹にいたイエス・キリストの命を狙うが、途中で大天使ミカエルと戦って敗れ、天界から追放されてしまう。やがて竜は海から現れた獣に力を与え、協力して世界を支配するのだが、最終的には神の手で封印されるという。

STRONG POINT
巨大な体

尻尾のひと振りで星を叩き落としたり、洪水を引き起こすほどの水を吐き出すなど、体はかなり大きかったようだ。その巨体は肉弾戦で強力な武器となるだろう。

WEAK POINT
聖なる力

天使に敗北したり、神に封印されたりしていることから聖なる力には耐性がないと思われる。ただ、相手が悪魔であれば弱点はないといっても過言ではない。

COLUMN
黙示録の竜=ローマ帝国という解釈もある

黙示録の竜はローマ帝国を表しているという見方もある。当時のローマ帝国は発足したばかりのキリスト教を弾圧し、信者たちを残忍な方法で処刑していた。ヨハネはそんなローマの暴虐を邪悪な竜に例えて『黙示録』という形で残したわけだ。竜の7つの頭は7人のローマ皇帝、10本の角は皇帝に付き従う大臣を指しており、邪悪な竜にはいつか神の天罰が下るということを示唆している。

VS 悪魔バトル
数で勝る竜と獣が有利
レヴィヤタン (P.20)

レヴィヤタンは、旧約聖書に登場する蛇のような怪物。体が非常に大きいとされるが、具体的なサイズは不明。黙示録の竜や獣と同程度の大きさであれば、頭数で勝る竜と獣が有利。レヴィヤタンの得意なフィールドである海で戦わなければ黙示録の竜と獣が勝利する確率は高い。

Devil Battle 3
悪魔バトル

煩悩の化身たるマーラと、魔性の女リリスが予期せぬ遭遇！
色事に精通する両者ゆえに、たちまち意気投合して快楽に耽るかと思いきや、
どちらが夜伽の主導権を握るかで揉めはじめた！　果たしてその結末やいかに！？

男を虜にする婉然たる美女
リリス

アダムの最初の妻だったが、喧嘩別れして悪魔となった女性。赤子の運命を左右する鬼女の顔と、男性を誘惑する淫魔としての側面を併せもつ。その魔性でマーラを屈服させられるか!?

詳細はP.62へ！

速さ 4　力 3
知能 6　防御 3
魔力 5　生命 4

108の煩悩そのものである魔王
マーラ

世に蔓延る煩悩そのものであり、敵に煩悩ある限り無限の力を発揮する魔王。ただ、男女の諍いとなると別問題だ。勝手の違うこのバトルでどう立ち回るか、マーラの手腕が問われる。

詳細はP.106へ！

速さ 7　力 8
知能 8　防御 8
魔力 10　生命 10

illustration：なんばきび

Round 1
地獄の宮殿で
マーラとリリスが鉢合わせ!

リリスとマーラ。ともに色欲に関わりの深い悪魔であり、傍から見れば相性の良い組み合わせだ。だが、自尊心の強いリリスは自分がリードするといって譲らない。一方のマーラも男としての意地がある。ひとしきり口論したあと、どちらがより魅力的なのか勝負し、勝った側がリードすることになった。

DANGER!

自尊心
リリスは自主独立の気風が強く、男の風下に立つことを好まない。アダムとの喧嘩もそれが原因だったのだ。

自身の魅力で
屈服させた側が勝者となる
変則バトルがスタート!

Lilith
LIFE 40000/40000

Māra
LIFE 100000/100000

Round 2
先手はマーラ。
両者の争いは肉弾戦へ！

まずはマーラのアピールタイム。鍛え上げた肉体を見せつけたり、リリスを抱き寄せて甘い言葉を囁いたりと、あの手この手で籠絡しようと試みる。だが、ありきたりの手口はリリスのハートにまるで響かず。呆れ顔のリリスはさっさと交代するようにマーラに命じたのだった。

マーラの必死のアピールは、リリスに届かず！

DANGER!
肉体美
マーラの鍛え抜かれた肉体は、男女問わず感嘆させられる見事さ。隠語となった魔羅も、もちろん御立派だ。

Lilith　LIFE 40000/40000

Māra　LIFE 100000/100000

Round 3

リリスとリリンの波状攻撃に
マーラはタジタジ!

失意のマーラに対し、今度はリリスが誘惑を開始。完璧なプロポーションと煽情的な仕草でマーラを挑発する。さらに母親に加勢すべく、多数のリリンが駆け付け、マーラを取り囲んだ。この大サービスにはさすがのマーラも抗いきれずに降参。主導権はリリスのものとなった!

DANGER!

リリン

リリスがアダムとの間にもうけた子どもたち。母親と同じく淫魔の性質を有しており、男性を篭絡する術に長ける。

美女軍団の
満ちあふれる魅力に完敗!

りリスの勝利!!

Give Up!

Lilith
LIFE 40000/40000

Māra
LIFE 100000/100000

COLUMN

古代オリエントの宗教事情

メソポタミア神話の源は
バビロニア地域の都市神

　早くから文明が誕生したメソポタミアでは、ギリシアのポリスのような都市国家が数多く造られた。ほかの多くの地域と同様に多神教が登場し、人々の信仰は天空、大地、水といった自然物の神々と、豊穣祈願から発した地母神からなっている。とくに主要な都市と結びついた強力な神は、生活や文化の守護神であり、人間の王の上に立つ都市国家の真の王でもあった。社会の中心は神殿で、集会や神殿での儀式の際に朗誦されたものが粘土板に記され、現代に伝わっている。農耕や牧畜の起源といった生活に関わるものから、人間の存在意義のような哲学的なことまで、これらを「神の意志」として語る神話は人々が守るべき規範だったのだ。当初は地域共通の神話はなく、諸都市が互いに覇を競うなかで万神殿が形成され、力関係を反映しつつ次第に神話としてまとまったと考えられる。例えば当初の最高神は天空神アンだが、のちに大気の神エンリル、古代バビロニア時代にはマルドゥクへと代わる。バビロニアの創世叙事詩『エヌマ・エリシュ』も、バビロニアの覇権があったからこそ成立したのだろう。

バビロニアの主要都市と都市神

都市名	都市神と配偶神
バビロン	マルドゥク神 / ツァルパニトゥム女神
キシュ	ザババ神
ニップル	エンリル神 / ニンリル女神
アダブ	ニンフルサグ神
ウンマ	シャラ神 / ニンムル女神
ウルク	イナンナ女神 / ドゥムジ神
ウル	ナンナ・スエン神 / ニンガル女神
ラガシュ	ニンギルス神
エリドゥ	エンキ神 / ダムガルヌンナ女神

ユダヤ、キリスト教も
この地で誕生した

　メソポタミア神話は、その多くがティグリス＆ユーフラテス河下流域に住んでいたシュメール人の神話がベースになっている。時代とともにアッカド人、アッシリア人、バビロニア人へと伝えられ、3000年以上も地域の宗教であり続けた。この間、紀元前1280年頃にモーセによるヘブライ人のエジプト脱出があり、紀元前1020年には西のシリア地方にヘブライ王国が誕生する。のちにイスラエル王国とユダ王国に分裂し、紀元前587年にユダ王国が新バビロニアに滅されてバビロン捕囚が発生。拉致されたイスラエルの民が信仰を維持するため、ユダヤ教が誕生する。他方、イランではゾロアスター教が誕生しており、教祖ザラシュストラの教えを尊ぶアケメネス朝が、新バビロニアを滅ぼした。そのアケメネス朝もアレクサンドロス大王に滅ぼされ、ゾロアスター教は衰退していくが、ユダヤ教やのちにその分派として誕生したキリスト教に影響が残っている。以後、キリスト教は積極的な伝道によって勢力を拡大。地中海沿岸で信仰が盛んだったバアル神のように、他宗教の神は悪魔とみなされていき、メソポタミア神話の神々も10世紀頃にはほぼ忘れ去られてしまった。とはいえ、聖書のノアの方舟伝説はバビロニア神話の洪水伝説がベースという説は根強く、『創世記』での天地創造も『エヌマ・エリシュ』と比較される。バベルの塔は、バビロニアの聖塔ジッグラトがモデルだろう。すなわちメソポタミアの神話は完全に消えたわけではなく、別の形で痕跡を残しているのである。

第四章
悪霊

Fantasy Devil Encyclopedia

悪霊 No.01

アンズー
Anzû

▶▶ 名前の意味・由来 ｜ 強い風／天の鷲

▶▶ 出典 ｜ 『ルガルバンダ叙事詩』『アンズー神話』など

▶▶ 伝承地域 ｜ メソポタミア

▶▶ 能力 ｜ 鷲の翼による飛行速度と、獅子の牙と爪による物理攻撃が持ち味だ。嵐や洪水、稲妻の魔術も行使可能で、戦闘能力の高さがうかがえる。

速さ 9 ／ 力 6 ／ 防御 7 ／ 生命 5 ／ 魔力 8 ／ 知能 9

illustration:合間太郎

神々の秘宝を盗んだ怪鳥

第四章 悪霊―アンズー

アンズー（ズー鳥とも）は、メソポタミアに伝わる怪鳥で、通常は獅子の頭（または上半身）と鷲の胴体だが、男性の上半身と鷲の胴体とか、獅子に鷲の翼が生えた姿も見受けられる。出典はシュメールの『ルガルバンダ叙事詩』やアッカドの『アンズー神話』など多岐にわたるが、時代が下るにつれて役回りが変化する。前者では最高神エンリルに仕える神獣だが、後者では神々の秘宝トゥプシマティ（天命の書板）を盗み出す敵対者、つまり悪魔とされているのだ。トゥプシマティは所有者に神々をも従える力を与えるアイテムで、それを手に入れたアンズーに神々は大苦戦。だが、戦神ニヌルタ（ニンギルスとも）が、長期戦に持ち込むことでアンズーを疲弊させ、どうにか秘宝を奪還したのだった。

STRONG POINT
トゥプシマティが無敵の力を与える

天候を操るアンズー自身の戦闘力もかなりハイレベルだが、逆らった者を粘土にしてしまうというトゥプシマティを持っていると、さらに手が付けられない。

WEAK POINT
スタミナの消耗が激しい

アンズーがニヌルタに敗れたのは疲労の蓄積が原因だった。おそらくさまざまな術やトゥプシマティの使用は、かなりの体力消耗を強いられるに違いない。

COLUMN
神獣としてのアンズー

初期のアンズーは、嵐や雷を司る神獣だった。例えばエンリルが人類を滅ぼすと決めたとき、アンズーは爪で天を切り裂いて大洪水を起こす役目を担っている。また『ルガルバンダ叙事詩』では、雛鳥に親切にしてくれたルガルバンダ王子に、お礼として超人的な力を授けた。だが時代が進み、聖なる者は人型であるという考えが主流になると、次第にアンズーの神性は損なわれていった。

VS 悪魔バトル
天候を左右する力の持ち主たち

フルフル (P.132)

嵐と雷を制御する悪魔同士の対決。純粋に魔力で上回る側が優位に立つだろう。また、いずれも飛行可能な悪魔でもある。魔力での戦いが拮抗しているなら、激しい空中戦に移行するはず。その場合、より飛行に適した姿のアンズーがやや有利か。フルフルは炎の蛇尾や角を駆使して挽回したい。

悪霊 No.02 パズズ
Pazuzu

▶▶ 名前の意味・由来 ｜ 風の王？

▶▶ 出典 ｜ メソポタミアの伝承

▶▶ 伝承地域 ｜ メソポタミア

▶▶ 能力 ｜ 悪霊の王ということで、全能力がやや高め。熱病をもたらす一方、ほかの病魔を退けるので魔力が高く、風を起こして移動できるので速さも高い。

- 速さ 9
- 力 7
- 防御 7
- 生命 7
- 魔力 8
- 知能 6

illustration:七片 藍

信奉者もいた悪霊の王

第四章　悪霊―パズズ

熱風を起こし、熱病をもたらす風の悪霊の王。悪神ハンビの息子。妻は"胎児を殺す"と恐れられたラマシュトゥ。頭は獅子か犬のようで、体と脚部は人間、足は猛禽、背には２対の鳥のような翼がある。体は鱗で覆われ、サソリの尾と蛇頭の男根も備えている。地下世界の存在として恐れられる一方、ほかの悪魔を追い払う力があり、疫病を蔓延させる風、とくに西風から守る存在でもある。またラマシュトゥを地下世界へ連れ戻すと考えられ、妊婦たちはパズズの頭部をかたどった御守りを身につけていた。パズズはしばらく悪魔学でも無視されていた存在だったが、ホラー映画『エクソシスト』で少女に憑依する悪霊として登場。映画がヒットして有名になり、日本でもゲームやマンガに登場している。

STRONG POINT
熱病を起こす熱風

巻き起こす熱風は熱病を振り撒くが、一方で弱い細菌などはこの熱風で死滅する。よって細菌をもとに病気を起こすほかの悪魔にとっても厄介な存在といえる。

WEAK POINT
なし

とくに弱点は伝わっていない。パズズは悪霊でありながら、多数の信奉者もいる。実質的には強大な悪神といえる存在で、弱点がなかったとしても不思議ではない。

COLUMN
妊婦の守護者だったパズズ

ラマシュトゥも悪霊で、流産や乳児の突然死は彼女の仕業とされた。これを防ぐ目的で作られたパズズの小像としては、ルーヴル美術館のものが有名。高さ15cmと携帯するには大きいが、頭頂部に紐を通す半円状の環があり、部屋に置いたり吊り下げたりして使われたようだ。ほかにもパズズがラマシュトゥを追いやる姿を描いた青銅の魔除け板もあり、信仰が盛んだった様子がうかがえる。

VS 悪魔バトル
勝敗の鍵は異形のイナゴたち
アバドン (P.42)

悪霊の王と奈落の王の対決。パズズが起こす熱風に、アバドンが放つ化け物じみたイナゴたちが耐えられるかがポイントだ。ただ、パズズには蝗害の神格化という面もあり、イナゴの攻撃が通じなかったり、最悪イナゴのコントロールが奪われるようであれば、アバドンに勝ち目はない。

悪霊 No.03 アサグ Asag

▶▶ 名前の意味・由来 ｜ 病魔

▶▶ 出典 ｜ 『ルガル・エ』など

▶▶ 伝承地域 ｜ メソポタミア（シュメール／アッカド）

▶▶ 能力 ｜ 体が岩のように硬いので物理的な防御力は高いが、その分、移動速度はやや遅くなりそう。土砂嵐を起こして攻撃できるので、魔力は高い。

速さ 4／力 5／防御 8／生命 5／魔力 7／知能 5

神から生まれた悪霊

名はシュメール語で、アッカドではアサックもしくはアシャックと呼ばれた。古代メソポタミアでは特定の部位の病気が悪霊の仕業とされ、アサグは頭の病を司り、人間を熱病で殺す。叙事詩『ルガル・エ』では最高神アン（アヌ）と大地の女神キの息子。山に棲む悪霊で、川魚を死なせる力があり、植物たちから王として選ばれる。やがてクル（山脈）とのあいだにもうけた岩石の子どもたちを率いて蜂起し、農耕と戦闘の神ニンギルス（ニヌルタ）の領地を奪おうとして、2度目の戦いで討伐された。その姿は不明だが、ニンギルスの戦いを描いたレリーフには、猛禽の翼と尾羽、後足を備えた獅子がおり、これがアサグである可能性がある（もしくはアンズーの後年の姿とされる）。

STRONG POINT
息もつかせぬ土砂嵐

アサグは凄まじい土砂嵐を巻き起こし、同時に火で人間たちを焼きつくした。ニンギルスですら土砂嵐で呼吸を妨害され、一度は撤退せざるを得なかった。

WEAK POINT
土砂嵐を吹き飛ばす暴風雨

2度目の戦いで、ニンギルスが風の神エンリルに授かった暴風雨によって、土砂嵐の効果を封じられて敗北。砕かれたアサグはザラグという石になった。

VS 悪魔バトル
土砂嵐と眷属の攻撃で優位に

グザファンは地獄の炎を扱うが、アサグも火を放つのである程度は耐えられるだろう。土砂嵐で動きを封じてしまい、岩石の眷属たちに一斉攻撃させればアサグはかなり優勢だ。しかし、地獄の炎が岩をも溶かすほどの高熱であれば、グザファンにも勝ち目はある。

グザファン（P.50）

悪霊 No.04 ウドゥグ Udug

▶▶ 名前の意味・由来｜不明

▶▶ 出典｜メソポタミアの伝承

▶▶ 伝承地域｜メソポタミア（シュメール／アッカド）

▶▶ 能力｜一部に強力なものもいるが、基本的には低級の悪霊なので全般的に能力は並。ただ、人間を襲って病気にしたりするので、魔力と速さだけはある。

速さ 7／力 4／防御 4／生命 4／魔力 6／知能 4

第四章 悪霊 アサグ／ウドゥグ

精霊たちの総称

　ウドゥグの名はシュメール語で、アッカドではウトゥックと呼ばれる。もともとは「幽霊」を指したが、のちに精霊（神々よりは下位で、人間より強力な超自然的存在）の総称になった。"善いウドゥグ"がいる一方、"悪いウドゥグ"には人間を急死させるナムタルや地獄の獄卒ガラ（ガルー）や前項のアサグなど、一部強力な悪霊がいる。害をなす死者の魂であるギディムやエティンムも含まれ、慰霊や祭祀を怠ると怨霊となって地下世界から戻ってくる。とくに悲惨な死に方をした者の霊は、耳から体内に入って病気を起こすとされ、その正体を暴く降霊術が行われた。なお、図像自体ですら悪さをすると信じられたため、これらの悪霊を表現した遺物はなく、個々の姿はよくわかっていない。

STRONG POINT
人間に気づかれにくい

夜中の通りや砂漠地帯など、人気のない場所で人間を待ち伏せる。人間の目には見えないためほぼ気づかれず、狙った相手に憑依しやすい。

WEAK POINT
人間が唱える呪文でも追い払える

固有名がある一部の病魔などは厄介だが、大抵は悪魔祓いの呪文で追い払われてしまう。ほかの悪魔を追い払うとされたパズズのような、強大な存在にも敵わない。

VS 悪魔バトル
取り憑けさえすれば勝てるが……

アガースラ（P.110）

勝てる可能性があるとすれば、実体らしきものがあるアスラ族で、かつ王でもないアガースラくらいだろうか。ただ、相手には神をも害する力があり、霊的にも恐らく格上の存在。油断を誘って取り憑ければ勝ち目はあるが、そうでなければひとたまりもなく、消滅させられる危険すらある。

悪霊 No.05

アンラ=マンユ
Angra Mainyu

▶▶ 名前の意味・由来 ｜ 破壊霊

▶▶ 出典 ｜
『アヴェスター』
『ブンダヒシュン』など

▶▶ 伝承地域 ｜
イラン

▶▶ 能力 ｜
創造の力は通常なら神のみが有する。それを駆使できるだけに魔力は非常に高い。最高神に対抗する存在なので、ほかの能力も平均的に高めだ。

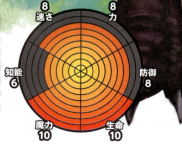

速さ 8 / 力 8 / 防御 8 / 生命 10 / 魔力 10 / 知能 6

illustration:長内佑介

ゾロアスター教の魔王

第四章 悪霊――アンラ＝マンユ

ゾロアスター教の最高神アフラ＝マズダーに対抗する絶対暗黒神で、悪魔（ダエーワ）たちの王。中世ペルシア語ではアフリマン（アーリマン）と呼ばれる。霊的な存在だが、この世に現れるときは蛇やトカゲ、蝿などの姿になる。知恵がなく無慈悲。嫉妬深く強欲で、世界の主になろうと欲している。聖典『アヴェスター』には宇宙開闢の際に悪を選択したとあり、最高神が創造した大天使たちに対抗すべく、ドゥルジやアカ＝マナフといった悪魔たちを生み出し、最高神の被造物を破壊すべく魔物アジ＝ダハーカを創造した。悪徳や病気、危険な動植物といった害悪を生み出し、人間界へ送り込んだのも彼である。とくに死を持ちこんだことは最悪の凶事とされ、ゆえに"多殺者"と名付けられた。

STRONG POINT
創造する力

アンラ＝マンユの破壊活動は、最高神による被造物を、彼が創造した反対物によって無価値にすること。最高神と同じ、創造する力こそが彼の武器というわけだ。

WEAK POINT
未来は見通せない

全知であるアフラ＝マズダーに対し、アンラ＝マンユは過去と現在のことしかわからない。彼は敗北する未来を知らぬまま、空しい戦いを続けているのだ。

COLUMN
現代はアンラ＝マンユが優勢

『ブンダヒシュン』では、世の始まりから終末までの12000年が4等分される。1期の直後、アンラ＝マンユは地下の暗闇から天界へと昇り、出会ったアフラ＝マズダーと9000年の闘争を約束。しかし、呪文で封じられたまま2期が過ぎ、3期になってようやく創造を終えたアフラ＝マズダーの被造物を攻撃し始める。現代は悪が優勢な4期だが、のちに終末の決戦で敗北する運命だ。

VS 悪魔バトル
無数の被造物で圧倒
アスモデウス (P.24)

アスモデウスは七つの大罪の一角を担い、槍を持ち、ドラゴンにまたがって火も放つ強力な悪魔だ。とはいえアンラ＝マンユには生み出した無数の被造物がおり、一斉に飛びかからせて包み込めば勝利はかたい。これを蹴散らし、直接勝負に持ち込めればアスモデウスにも勝機はあるだろう。

悪霊 No.06

ジャヒー
Jahi

▶▶ 名前の意味・由来 | 性悪女

▶▶ 出典
『アヴェスター』
『ブンダヒシュン』など

▶▶ 伝承地域
イラン

▶▶ 能力
アンラ＝マンユに具体的な善への対抗策を示して立ち直らせた。さまざまなものから3分の1を奪う力もあり、魔力と知能が高い。

- 速さ 5
- 力 4
- 防御 5
- 生命 5
- 魔力 8
- 知能 8

illustration：池田正輝

善の力を奪う女悪魔

第四章 悪霊 — ジャヒー

後年はジェーと呼ばれたゾロアスター教の女悪魔。『アヴェスター』の「ウィーデーウ・ダート（悪魔に対抗する法）」では淫売女と呼ばれ、最高神アフラ＝マズダーをもっとも傷つけ、悲しませ、仇なす者とされる。さまざまなものの3分の1を奪う凶眼の持ち主で、川の水量を減らし、穀物の成長を妨げ、大地の一部を荒地に変える。義者から力や正義や聖性の3分の1を奪うため、どんな害獣よりも殺されるべきとされた。『ブンダヒシュン』の創世神話によると、最高神が創造した原初の人間を見てアンラ＝マンユが茫然自失となった際、ジャヒーだけが彼を立ち直らせることに成功した。もともとジャヒーは力ある存在ではなかったが、これによってアンラ＝マンユの最強の被造物とされるようになった。

STRONG POINT
3分の1を奪う凶眼

いかなる義者も、凶眼の力の前では強引に隙をつくられてしまう。ほかの悪魔たちの力も及びやすくなるわけで、善き者たちにとってはかなり厄介だ。

WEAK POINT
神や天使と直接戦う力に乏しい

凶眼は人間を悪へ引き込むうえで非常に強力だが、支援的な面が強い。自身が神や天使たちと直接戦う場面では、それほど有効な武器にはならないだろう。

COLUMN
その他の女悪魔

ジャヒーのほかにも、ゾロアスター教にはパリカーと総称される女悪魔たちがいる。流星として大地に落ちてきたとされる存在。固有名があるドゥズヤールヤー、クナサンティー、ムーシュが"三大パリカー"として知られる。後年になるとパリカーは女呪術師や淫売を指す様になった。こうした売春婦たちはすべてジャヒーの配下にあるとされている。

VS 悪魔バトル
邪眼で相手の利点を弱める

リリス
(P.62)

アンラ＝マンユの妻の座をかけた、女悪魔同士のバトル。神の手による被造物とあって、単純に外見の魅力だけならリリスがかなり有利。しかし、ジャヒーの邪眼によって、その魅力も3分の2にされてしまう。であれば、精神的支柱になった実績があるだけに、ジャヒーが有利だろう。

悪霊 No.07

ドゥルジ
Druj

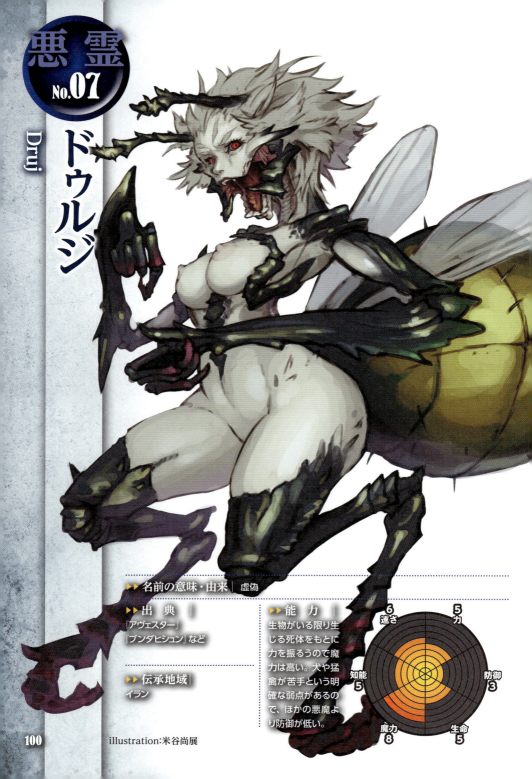

▶▶ 名前の意味・由来 | 虚偽

▶▶ 出典 |
『アヴェスター』
『ブンダヒシュン』など

▶▶ 伝承地域 |
イラン

▶▶ 能力 |
生物がいる限り生じる死体をもとに力を振るうので魔力は高い。犬や猛禽が苦手という明確な弱点があるので、ほかの悪魔より防御が低い。

- 速さ 6
- 力 5
- 防御 3
- 生命 5
- 魔力 8
- 知能 5

illustration:米谷尚展

不浄と結び付けられた悪魔

第四章 悪霊―ドゥルジ

アンラ＝マンユが最初に創造した悪魔。当初は不義や偽りを司る大悪魔とされ、不義なる者を意味するドラグワントの語源になった。正義と真実を司る大天使アシャに敵対するライバルであり、「アシャを求め、ドゥルジに打ち克つ」ことが教義の真髄だった。しかし、この意義は時代とともに忘れられ、ドゥルジは単に不浄と結び付けられた女悪魔たちを指すようになった。聖典『アヴェスター』の「ウィーデーウ・ダート（悪魔に対抗する法）」では、死の穢れを司るドゥルジ・ナスとして記述され、地獄門がある北のアルズーラ山から蝿の姿で現れ、疫病や腐敗を伝染させる。とくに死体（＝ナス）を扱う者はドゥルジの脅威にさらされるが、定められた浄化の儀式によって体から追放できる。

STRONG POINT
生物がある限り力を振るう

疫病によって死をもたらし、その死体を温床として世界に不浄を撒き散らす。すべての生物が死滅するまで、彼女は力を振い続けることになる。

WEAK POINT
犬や猛禽、聖呪などが苦手

犬や猛禽が苦手なため鳥葬にされた死体には近づけず、思うように力を発揮できない。また、聖なる呪文や清めの儀式によっても追い払われてしまう。

COLUMN
ドゥルジ対策でもある鳥葬

ゾロアスター教において、死体はアンラ＝マンユがもたらした死に汚染された一番の不浄物。神聖な生き物や義者を死なせるには相応の悪の力が必要とされ、これらの死体ほど不浄性は強い。神聖な火や土、水を不浄物で汚すことになるので、火葬や土葬、水葬は禁止。一方、猛禽や犬はドゥルジ・ナスを追い払うとされており、死者は山頂に設けた塔に固定し、鳥葬にするのが決まりだった。

VS 悪魔バトル
死体を温床に病を撒き散らす
シェムハザ (P.38)

シェムハザは巨人のネフィリムたちを従えており、単純な戦力では優勢。ドゥルジはどうにか巨人を1体倒して力の源を手にしたい。もっとも、人里を戦場に選べば話は別。病死させた人間を温床に開幕から力を振るえるので、巨人たちを強力な劇症性の病で侵せば戦力差は問題にならない。

命をつけ狙う強力な悪魔

第四章 悪霊―アストー・ウィーザートゥ

ゾロアスター教において、死をもたらす比類なき強力な悪魔とされ、母胎に生じた瞬間から人の命を狙い続ける。その攻撃を防ぐために、アフラ＝マズダーは守護霊フラワシを派遣する。「神聖な火や水が人を殺めるはずはない」という考えにより、焼死者や溺死者、不慮の死を遂げた者はみな、その犠牲者とされた。民間伝承では、この悪魔の羂索（捕縛用ロープ）がすべての人間の首にかかっていて、死んだ瞬間に善人からは外れるが、悪人は地獄へ引かれていくという。もっともゾロアスター教には、ウィーザルシャという悪魔もいる。地獄の入口で待機し、死後4日目に下る判決に従って悪人の魂に羂索をかけて地獄へ引いて行く。先の伝承はこの二者が混同され、習合されたもののようである。

STRONG POINT
霊的な存在を捕える羂索
手にした羂索は人間の魂を捕える。霊的な存在に効果があるので、かけることさえできれば神々やほかの悪魔でも拘束できるはずだ。

WEAK POINT
聖なる呪文には抵抗できない
スラオシャやミスラは「アフナ・ワルヤ呪」などの聖なる呪文や真言を武器とする。アストー・ウィザートゥもこうした聖呪には抵抗できず追い払われてしまう。

COLUMN
対抗手段は注意深い行動と繁栄
神の被造物たる人間の滅亡は、アストー・ウィーザートゥの勝利を意味する。彼の手にかかる人数以上に子を産み育てるのが教徒の義務で、常に注意深く行動し、真言の具現者たるミスラやスラオシャの加護を念ずべしとされた。聖典には妊婦と子どもへの世話の規定があり、堕胎や自身の生命力を弱める苦行が禁止されている。健やかな生活と子孫繁栄は、悪魔への対抗手段でもあるのだ。

VS 悪魔バトル

羂索で拘束できるかどうかが鍵
サマエル (P.46)

死をもたらす堕天使との対決。羂索をかけられれば動きを封じて優位に立てるが、堕天したとはいえサマエルはもともと悪との戦いを使命とする天使の一員。戦いには慣れているはずで、神の武具がなくとも戦闘力は侮れず、拘束できなければ返り討ちにされてしまうだろう。

103

悪霊 No.09

アジ・ダハーカ
Aži Dahāka

▶▶ 名前の意味・由来 | アジは蛇もしくは竜（ダハーカは不明）

▶▶ 出典
『アヴェスター』『ブンダヒシュン』
『シャー・ナーメ』など

▶▶ 伝承地域
イラン

▶▶ 能力
千の術を駆使するだけに魔力が非常に高い。相応に頭が良く、また翼で飛べるため速さも高め。ただ、英雄に殺されるので、生命と防御は並程度。

- 速さ 8
- 力 9
- 防御 6
- 生命 5
- 魔力 9
- 知能 9

illustration：長内佑介

アンラ＝マンユが生んだ悪竜

最高神アフラ＝マズダーの被造物を破壊すべく、アンラ＝マンユが創造した竜。聖典『アヴェスター』では千の術を使う３つ首竜で、善なるものを破壊すべくつくられた最強のドゥルジの一種とされる。創世神話を記した『ブンダヒシュン』には双頭及び７頭の竜とある。アンラ＝マンユにつくられたなかでも最悪の存在とされ、ジャムシード王を倒して一時は人間の支配権を握ったが、英雄スラエータオナによってダマーヴァンド山に封じられた。数千年後に復活して人間を襲うが、英雄クルサースパに倒されるという。のちにイランがイスラム化されると、この反英雄的な面が強調されるようになる。11世紀の叙事詩『シャー・ナーメ』では蛇王ザッハークとなり、英雄フェリドゥーンに倒されている。

第四章

悪霊─アジ・ダハーカ

STRONG POINT
千の術と毒虫たち

どのようなものかは不明だが、千もの術は大きな武器になるはず。斬られると傷口から無数の毒虫などが這い出すともいわれ、これらも戦力になるだろう。

WEAK POINT
善き者に敗れるという運命

これといった弱点は伝わっていない。ただ、アンラ＝マンユの配下たちは最終的に善き者たちに敗れる運命にあり、心を惑わされぬ強い英雄には勝てない。

COLUMN

ザッハーク王の末路

アラブの王子ザッハークは、悪魔の誘惑で父を殺し王になるが、そのせいで両肩に黒い蛇が生え、毎日人間の脳を喰わせる羽目に陥る。その後、争乱が起きたイランに王として迎えられ、千年の治世でイランには悪が蔓延った。だが、のちに決起した英雄フェリドゥーンに敗北。「まだ死期ではない」という天使の制止で命は助かるが、ダマーヴァンド山の深い穴に鎖で逆さ吊りにされた。

VS 悪魔バトル
近づかずに千の術で圧倒
黙示録の竜と獣
(P.82)

魔竜同士の対決。接近戦では黙示録の竜に分がありそうだが、アジ・ダハーカには千もの術がある。仮に９割の術が通じなかったとしてもまだ百の術があるわけで、すべてが無効化されるとは思えない。となれば接近戦をする必要はなく、距離をとって術を行使し続ければ勝てるはずだ。

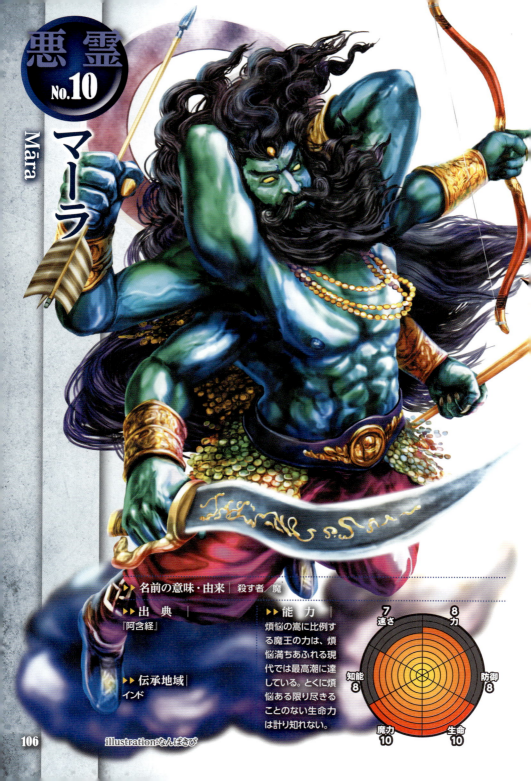

"魔"の語源となった煩悩の化身

マーラは、仏教の開祖・釈迦の解脱を妨害し、失敗させようと目論んだ者だ。名の意味は「殺す者」。六道（輪廻世界）における天道（天界）の最下層、六欲天の他化自在天を統べる煩悩の化身だ。煩悩を抱える全存在に君臨しており、他化自在天の別名「第六天」から第六天魔王とも呼ばれる。「魔」には「善行を妨げる者・事象」という意味があるが、この文字は「摩」＋「鬼」であり、マーラを指すために作られた漢字だ。「悪意ある」という形容詞を加えてマーラ・パーピーヤスとも呼ばれ、その音訳は「魔羅波旬」だが、意訳はまさしく「悪魔」である。すなわち悪魔とは本来、マーラのことを指す単語なのだ。ちなみに、男性器を魔羅と呼ぶのは、修行僧が煩悩の隠喩として使っていたことに因る。

第四章　悪霊──マーラ

STRONG POINT
相手に煩悩がある限りほぼ無敵

煩悩の増幅自体がマーラの力となる。ゆえに煩悩を抱え誘惑に負けてしまう可能性がある者は、マーラの支配下にあると考えられる。

WEAK POINT
悟りを開かれると消滅する

マーラは煩悩そのものなので、煩悩を克服されると力を弱め、世の中から煩悩が消えると消滅する。仏陀のような強い心だけが、マーラを負かす唯一の手なのだ。

COLUMN
マーラが仕掛けた釈迦への妨害

釈迦の解脱はマーラの存在の危機だった。なぜなら、解脱の方法が世の中に広まれば、力の根源たる煩悩が縮小ないし消滅するからだ。そのため、まずは美しい3人の娘で誘惑し、続いて恐ろしい魔物を送り込んで妨害した。さらに、岩や武器を大量に降らせ、暗闇を投じるがいずれも失敗。最後は自ら巨大な円盤を手に襲い掛かったが、円盤が花輪となってしまい敗北を認めざるをえなかった。

VS 悪魔バトル
煩悩を統べる魔王と悪徳の堕天使

ベリアル（P.44）

一般的には108つとされる煩悩を司るマーラと、淫蕩と悪徳に導く堕天使ベリアル。両者の対決は「いかに多くの人間を堕落させられるか」という勝負だ。守備範囲の広さからいえばマーラが有利だが、人を堕落に導く手腕はベリアルも負けていない。甲乙つけがたい勝負になりそうだ。

悪霊 No.11

ヒラニヤカシプ
Hiranyakashipu

▶▶ 名前の意味・由来 ｜ 金の衣を着た者

▶▶ 出典 ｜
『バーガヴァタ・プラーナ』

▶▶ 伝承地域 ｜
インド

▶▶ 能力 ｜
好戦的なアスラたちの王なので、全体的に能力は高め。苦行の末に得たブラフマーの恩寵でほぼ無敵になっており、防御は突出して高い。

速さ 7 / 力 9 / 防御 10 / 生命 9 / 魔力 6 / 知能 7

illustration:NAKAGAWA

苦行で力を得たアスラ王

第四章 悪霊―ヒラニヤカシプ

アスラ（阿修羅）王。弟ヒラニーヤクシャをヴィシュヌに殺されて憤激し、3万6000年にも及ぶ苦行によってブラフマーから恩寵を授かって、地上、空中、家の内外、昼夜のいずれにおいても、神、悪魔、蛇、人、獣、そしていかなる武器によっても殺されぬ存在となった。その後、世界を征服してヴィシュヌ、シヴァ、ブラフマーの三神を除く神々をも従えたが、息子のプラフラーダはヴィシュヌを深く信奉し、父やアスラ教師の教えを聞かぬばかりか、ほかの子どもにまで教えを説き始める。一族の害になるとして、ヒラニヤカシプはプラフラーダを殺すと決めたが、叩いた柱からヴィシュヌの化身ナラシンハ（獅子人）が出現。矛や剣で立ち向かうも捕えられ、ナラシンハの膝に乗せられて爪で引き裂かれた。

STRONG POINT
ブラフマーに授かった恩寵

彼がブラフマーに願った恩寵はかなり念入りだった。通常考え得るほとんどのものが彼を倒せず、ほぼ無敵といえる存在になっていた。

WEAK POINT
条件に合わぬ強者には倒される

ヒラニヤカシプは殺されない条件の穴を突かれて倒された。自身よりも強く、知恵があり、姿を自在に変えられる者が相手の場合は敗れる可能性が高い。

COLUMN
アスラ兄弟の真実

ヒラニヤカシプ兄弟の前世は、ヴィシュヌが住む世界ヴァイクンタの門番だったジャヤとヴィジャヤ。聖仙に非礼を働いて悪魔的存在に3度転生する呪いを受け、この後は羅刹のラーヴァナとクンバーカルナ、次に人間の王シシュパーラとダンタヴァクトラに転生。そのたびにヴィシュヌの化身に討たれ、4度目の転生でヴァイクンタへ戻る。ふたりの殺害はヴィシュヌによる救済だったのだ。

VS 悪魔バトル
高い戦闘力で制圧
マステマ（P.40）

ヒラニヤカシプは神にも悪魔にも殺されないが、マステマは神に従って人間を試す存在。悪魔と見なされつつも神性が残っている可能性があり、この場合は条件から外れてしまう。ただ、神との闘争もいとわぬアスラ王だけに戦闘力は高く、互いに同条件ならヒラニヤカシプは優位だろう。

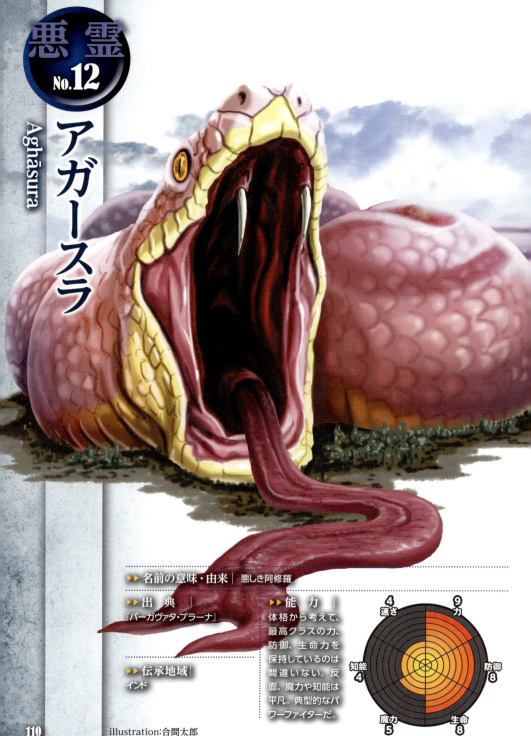

悪霊 No.12
アガースラ
Aghāsura

▶▶ 名前の意味・由来 ｜ 悪しき阿修羅

▶▶ 出典 ｜
『バーガヴァタ・プラーナ』

▶▶ 伝承地域 ｜
インド

▶▶ 能力 ｜
体格から考えて、最高クラスの力、防御、生命力を保持しているのは間違いない。反面、魔力や知能は平凡。典型的なパワーファイターだ。

- 速さ 4
- 力 9
- 防御 8
- 生命 8
- 魔力 5
- 知能 4

illustration：合間太郎

巨大な蛇に変身して戦うアスラ

第四章 悪霊 ― アガースラ

インドの聖典『バーガヴァタ・プラーナ』において、邪悪な王カンサに仕える将軍として登場するアスラ（阿修羅）。カンサの暴虐的な支配に憤った最高神ヴィシュヌは、化身クリシュナとして降臨。それを知ったカンサは、まだ5歳だったクリシュナを討伐するようアガースラに命じる。ほかの子どもたちと遊ぶクリシュナを見つけたアガースラは、1ヨージャナ（由句：約13km）もの大蛇に変身し、子どもたちの行く手に横たわると巨大な顎を広げた。その上顎は雲まで達するほどだったという。子どもたちは面白がって口の中に入っていき、クリシュナも大蛇がアガースラだと知りながらあとに続いた。そしてアガースラがクリシュナを噛み潰そうとしたとき、喉の中で体を巨大化させ、窒息死させた。

STRONG POINT
巨大な体躯による力業

アガースラの戦いは、絡みつき凄まじい力で締め上げる、あるいは巨大な口でひと呑みにする、と実にシンプル。また、牙には猛毒が秘められているに違いない。

WEAK POINT
呼吸ができないと死に至る

クリシュナに窒息させられているので、生存には呼吸が必要だ。とはいえ、蛇は恐ろしく長く息を止めていられるので、簡単には死に至らないだろう。

COLUMN
悪魔に貶められた種族 アスラ

古代のインドでは、アスラは天空神ヴァルナに率いられた神族を指す名称だった。ペルシアでは正義の光明神であり、その代表がアフラ＝マズダーである。だが雷神インドラを筆頭とするデーヴァ神族が台頭すると、次第にその敵役として邪悪な属性を付与されるようになる。そしてヒンドゥー教が主流の時代には、完全に神々の敵対者の総称として位置づけられてしまった。

VS 悪魔バトル
巨大蛇と有翼狼の戦い
マルコシアス (P.134)

体格だけを比べれば大蛇に変身したアガースラが圧倒的に有利に見える。だが、戦巧者のマルコシアスを負かすのは簡単ではないだろう。安易に呑み込んだあと、体内で炎の息を吐かれたらたまったものではない。体躯に任せて押し潰そうにも相手は飛行能力を有しており、捉えるのに苦労しそうだ。

悪霊 No.13

Śumbha
シュンバ

▶▶ 名前の意味・由来 | 殺戮者

▶▶ 出典 | 『デーヴィー・マーハートミャ』

▶▶ 伝承地域 | インド

▶▶ 能力 | シュンバは力がとても強かった。恐るべき女神の攻撃を受けながら何度も立ち上がったほどタフでもあり、力と防御力、生命力が相応に高い。

速さ 6 / 力 9 / 防御 9 / 生命 8 / 魔力 7 / 知能 6

illustration：合間太郎

女神と戦ったアスラの兄弟王

第四章 悪霊―シュンバ

弟ニシュンバとともに王となったアスラで、スンバとも呼ばれる。力が強く戦闘に長けており、世界を制覇して神々を追放した。困った神々がヒマラヤ山で賛歌を唱えると、女神チャンディカーが出現。部下の薦めでシュンバは女神を手に入れようと使者を送るが、彼女は「自分に勝つ者だけが夫になれる」と返答。続いて送った部隊が殲滅され、シュンバは数千の軍を率いて出撃したが、チャンディカーと彼女が生み出した女神カーリー、そして加勢した神々によって大打撃を受け、弟も戦死する。シュンバはチャンディカーを挑発して一騎打ちを開始。8本の腕で数百の矢を射かけ、炎の槍や矛、剣と盾を手に戦うも、通じない。武器を失ってなお格闘を挑み激しく打ち合うが、最後は矛で引き裂かれた。

STRONG POINT
アスラ王では屈指の戦闘力

敗れはしたが、ほかの大アスラを容易に倒す最強クラスの女神を相手に、延々と戦い続けた実力者。戦闘力だけでいえば、アスラ王のなかでも屈指といえる。

WEAK POINT
美女には弱い

直接の原因とまではいえないが、女神と戦いになったのは、美女と聞いて我が物にしようと考えたのも一因。色香に惑わされてしまう可能性は高い。

COLUMN
明王になったシュンバ兄弟

ヒンドゥー教では魔的なアスラであるシュンバとニシュンバだが、密教には降三世明王、勝三世明王として取り込まれた。貪欲、憎悪、愚痴の三煩悩を祓う存在で、やはりアスラである大日如来が派遣、または化身してシヴァを改宗させた。仏像の腕は2本や4本の場合もあるが、大抵は8本と神話通り。顔は3～4つで、大自在天（シヴァ）と烏摩妃（パールヴァティー）を踏みつけているのが大きな特徴だ。

VS 悪魔バトル
翼を射貫き接近戦で仕留める
フルフル (P.132)

フルフルは空を飛べるうえ、稲妻を呼ぶこともできる。移動しつつ雨のように矢を射かけ、先に撃ち落として接近戦に持ち込めれば勝てるはずだが、ある程度は瞬間的に降ってくる稲妻を受ける覚悟が必要だ。タフなシュンバがこれに耐えられるかが、勝敗の鍵になりそうだ。

悪霊 No.14

Bāṇāsura

バーナースラ

▶▶ 名前の意味・由来 ｜ 矢の阿修羅

▶▶ 出典 ｜
『マハーバーラタ』
『バーガヴァタ・プラーナ』など

▶▶ 伝承地域 ｜
インド

▶▶ 能力 ｜
千の腕を同時に動かせる技量と、これに付随する戦闘力を考慮して力と魔力が高め。アスラたちの王なので、ほかの面でもやや高めだ。

- 速さ 5
- 力 8
- 知能 7
- 防御 7
- 魔力 8
- 生命 6

illustration：米谷尚展

シヴァに帰依したアスラ王

ヒラニヤカシプの来孫。アスラ王バリの百人の息子のうちの長男。公正で有徳の王だった父バリに似て、バーナースラもまた立派な人物だった。ヴィシュヌを信奉した父に対し、バーナースラはシヴァを信奉して千本の腕を授けられ、自身が治める都ショーニタプラの守護神になってもらう。ただ、その強さゆえに驕慢になり、「いずれ私と同等の相手に自尊心を潰される」とシヴァに予言された。そんなバーナースラの娘ウーシャーは、夢で見たアルニッダ（英雄クリシュナの孫）と恋に落ち、やがてふたりは関係をもった。これに怒ったバーナースラは、アニルッダを捕えて監禁したが、それが元でクリシュナ一族との戦争に発展。バーナースラはクリシュナに挑んで敗北し、シヴァの予言通りになった。

第四章 悪霊—バーナースラ

STRONG POINT
シヴァから授かった千本の腕

神と争う以上、アスラの武器は神にも有効なはず。バーナースラはそんな数々の武器を千本の腕で駆使するわけで、並の相手では太刀打ちできない。

WEAK POINT
戦闘力で勝る相手には苦戦

バーナースラの強さは千本の腕による純粋な戦闘力。特殊能力ではないので、クリシュナのような実力で勝る相手には勝てない。

COLUMN
千本の腕でも最高神には勝てず

バーナースラは五百の弓に2本ずつ矢をつがえて放ったが、クリシュナに射返されて弓と戦車を喪失。千の武器で打ちかかるも、円盤で996本の腕を斬られた。加勢したシヴァが正体に気づいて慈悲を乞うと、クリシュナは「バーナースラの曽祖父に一族を殺さぬ約束をしており、腕を落としたのは自尊心を挫くためだ」と明かした。許されたバーナースラは謝罪し、娘の結婚を認めたという。

VS 悪魔バトル
矢の攻撃が通じるかが鍵
アジ・ダハーカ
（P.104）

バーナースラは間断なく矢を浴びせつつ前進し、相手を防御で手一杯の状態にして接近戦に持ち込みたい。このあいだに翼を破壊できれば勝利はかたいだろう。ただ、アジ・ダハーカに強風を吹かせ続ける術がある場合は大量の矢も威力が削がれ、飛べないバーナースラは苦戦することになる。

悪霊 No.15 マヒシャースラ
Mahiṣāsura

▶▶ 名前の意味・由来 | 水牛の阿修羅

▶▶ 出典 | 『デーヴィー・マーハートミャ』

▶▶ 伝承地域 | インド

▶▶ 能力 | 変身と女性以外に殺されぬ力があるので魔力が高い。山を投げて暴れ、女神の攻撃にもある程度耐えるので、力や防御、生命もかなり高めだ。

- 速さ 7
- 力 9
- 防御 10
- 生命 9
- 魔力 8
- 知能 8

変身能力がある大アスラ

アスラ王で、先王ラムバの息子。苦行で女性以外には殺されなくなったため、百年もの戦いに勝利して天界から神々を地上へ追放した。しかし神々はヴィシュヌやシヴァに助けを求め、すべての神々が発した熱球がひとつになって、女神チャンディカー（ドゥルガー）が誕生する。マヒシャースラは全アスラ軍を率いて立ち向かうが、チャンディカーと彼女が生んだ眷属に次々と倒された。怒ったマヒシャースラは巨大な水牛に変身し、その眷属を蹴散らすと、女神本人に戦いを挑む。マヒシャースラは獅子や剣士、巨象、また水牛へと姿を変えつつ奮闘したが、あまりに強大な女神に苦戦する。ついに踏みつけられて動けなくなり、水牛の口から抜け出そうとした本体の首を斬られた。

STRONG POINT
変身と女性以外に殺されぬ能力

女性以外には殺されず、また獅子や象、武装した男など、さまざまな姿に変身できる。傷つけられるたびに変身することで、致命傷を避ける効果もあるようだ。

WEAK POINT
実力で勝る女性的存在には負ける

これといった弱点はない。ただ、強大な女神チャンディカーのように、自身よりも戦闘力で上回る女性には負ける可能性がある。

VS 悪魔バトル
強力な女性以外なら勝てるが……

マルコシアス (P.134)

マルコシアスは翼とサソリの尾がある牝狼の姿で、空を飛び炎を吐く。まずは弓矢をもつ人間に変身して翼を破壊し、巨獣に姿を変えて仕留めたい。ただ、マルコシアスは優れた闘士に変身可能。もとが"牝狼"だけに強力な女闘士になるかもしれず、実力で凌駕された場合は勝ち目がない。

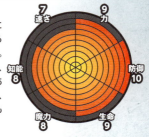

悪霊 No.16
ラクタヴィージャ
Raktavija

▶▶ 名前の意味・由来 │ 血を種とする者

▶▶ 出典 │ 『デーヴィー・マーハートミャ』

▶▶ 伝承地域 │ インド

▶▶ 能力 │ 分身を生む特殊能力、大量の血が流れても戦えるタフさがあり、魔力と生命力はかなり高い。ただ、ほかの能力はアスラ王たちよりも低め。

速さ 6／力 6／防御 5／生命 8／魔力 9／知能 6

第四章 悪霊 ─ マヒシャースラ／ラクタヴィージャ

神々を震え上がらせた特殊能力

シュンバ、ニシュンバ兄弟に従っていた大アスラ。アスラ王たちより戦闘力は劣るが、飛び散った血の雫から、自身と同じ戦士が現れるという特殊能力がある。女神チャンディカーとの戦いでは指揮官を務めており、アスラたちが女神の軍勢に蹂躙されるのを見て、棍棒を手に自ら戦いを挑んだ。女神たちへの攻撃はあまり効果がなかったが、傷を負うたびに飛び散る血から無数の分身が出現。世界を覆い尽くすほどになり、戦いを見守る神々を震撼させた。ところがチャンディカーは自らラクタヴィージャに討ちかかりつつ、女神カーリーに「分身を喰らい、流れる血を飲み干せ」と指示した。その結果ラクタヴィージャはチャンディカーに滅多打ちにされ、すべての血を失って倒された。

STRONG POINT
血の雫から現れる無数の分身

アスラ王ほどの戦闘力はないが、それでも将軍クラスの実力はある。血を流すほど分身が増えていくので、相手に対抗手段がなければ最終的に数で圧倒できる。

WEAK POINT
血を流し続ける長期戦は不利

分身の能力は自身と同じ。血を流し続けるリスクもあり、防御力が高すぎたり、一度に多数の分身を倒す手段がある相手は、長期戦になりがちで苦手といえる。

VS 悪魔バトル
分身との一斉攻撃で早期決着

ザガン (P.146)

ザガンには翼があるが、主な戦闘手段は格闘戦と思われる。あえて攻撃を受けて分身を生み、取り押さえて攻撃し続ければ勝てるはずだが、物質変換の力で流血を油に変えられると厄介なので短期決戦を心掛けたい。ただ、あらゆる物質を変換できるほど力が強大だった場合は勝ち目がない。

悪霊 No.17 ラーヴァナ Rāvaṇa

▶▶ 名前の意味・由来｜叫ぶ者

▶▶ 出典｜
『ラーマーヤナ』
『マハーバーラタ』
『バーガヴァタ・プラーナ』など

▶▶ 伝承地域｜インド

▶▶ 能力｜
最高神の化身と渡り合う戦闘力、7昼夜戦い続けた体力から、力と防御、生命が高い。限定的ではあるが、特定の相手に殺されないので魔力も高め。

速さ 6／力 9／防御 9／生命 8／魔力 8／知能 5

頭と腕が多数ある異形の王

羅刹王。父は聖仙ヴィシュラヴァ。母はラークシャシー（羅刹女）のカイカシー。10の頭と10対の腕があり、当初の名をダシャナナ（10の頭がある者）という。頭をひとつずつ切り取って火にくべる苦行により、神やアスラ、ラークシャサ、ヤクシャ、毒蛇などに殺されぬ力をブラフマーから授かる。だが傲慢になって、義兄のクベーラ神から、ランカー島と空飛ぶ車プシュパカを奪って世界を荒らした。シヴァに取り押さえられて唸り声をあげ、以後はラーヴァナと呼ばれる。その後息子とともに神々をも打ち負かすが、のちにヴィシュヌの化身である英雄ラーマの妻シーターを拉致したことから一大戦争が勃発。ついにはラーマに一騎打ちを挑むも「インドラの矢」で心臓を射抜かれ戦死した。

STRONG POINT
神の化身に匹敵する戦闘力

ラーマの力は超人的なうえ、人間なのでブラフマーの恩寵も無効。その彼と丸7日も戦い続けたというから、ラーヴァナが当代屈指の戦士だったのは間違いない。

WEAK POINT
色香に惑わされやすい

ラーマの妻を拉致することについて、腹心には反対されていた。しかし好色なラーヴァナは忠言にも耳を貸さず、自ら破滅への道に踏み込んでしまった。

VS 悪魔バトル
戦闘力勝負なら負けないが……

ゴモリー（P.142）

まともに戦えばラーヴァナが負けることはまずないだろう。ただし、本性はともかくゴモリーは美しい女性の姿で現れ、しかも隠された財宝の在処も知っている。欲深いラーヴァナが誘惑に逆らえない可能性は高く、その場合は彼女を手に入れたつもりが逆に利用されることになりかねない。

悪霊 No.18 インドラジット
Indrajit

第四章 悪霊 ─ ラーヴァナ／インドラジット

▶▶ 名前の意味・由来 ｜ 帝釈天の征服者

▶▶ 出典 ｜ 『ラーマーヤナ』など

▶▶ 伝承地域 ｜ インド

▶▶ 能力 ｜ 魔術が使えるうえに、限定的ながら無敵にもなれるので魔力がとても高い。それに応じて知能も高め。弓の達人でもあるので力も強い。

能力値: 速さ6 / 力8 / 防御9 / 生命5 / 魔力9 / 知能9

英雄を苦しめた魔法戦士

羅刹王ラーヴァナの長男で、本名はメガダーナ。聖仙あるいは神とされるシュクラに学び、魔術と武芸に秀でた戦士となる。ラーヴァナとともに神々と争い、インドラ(帝釈天)を捕えて勝利。ブラフマーの求めに応じてインドラを解放し、引き換えにインドラジットの名と"火の神への儀式を行うと現れる戦車"、そして"戦車に乗っているあいだは不死になる力"を授かる。インドラジットは英雄ラーマとの戦いでこれらを活用し、命中した相手を拘束する武器ナガパシャや、姿を消す魔術との併用でラーマ陣営を苦しめた。しかし、叔父ヴィビーシャナがラーマに味方して儀式の秘密を暴露。インドラジットは儀式を行う前にラーマの弟ラクシマナに襲われ、首に「インドラの矢」を受けて倒された。

STRONG POINT
魔術と武芸の合わせ技

魔術で姿を消したまま戦車で駆けまわり、八方に放つ矢で次々と敵を打ち倒す。さしものラーマ軍も、助言を得るまで打つ手がなく、大きな損害を受けた。

WEAK POINT
不死になるには儀式が必要

不死になるには、事前に祭場で儀式を行い戦車を呼び出す必要があった。予期せぬ襲撃で儀式をする余裕がない場合は、倒される可能性がある。

VS 悪魔バトル
戦車に乗って戦えば負けない

ベリアル (P.44)

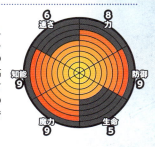

ベリアルは炎の戦車に乗って現れる。当然、弓矢や槍などの武器も備えているだろうが、インドラジットは戦車に乗っているあいだは無敵なので真っ向勝負なら負けない。ただ、ベリアルは物質に憑依できるので、戦車に取り憑いて横転させられたりすれば、負ける可能性も出てくる。

119

悪霊 No.19 クンバカルナ Kumbhakarna

▶▶ 名前の意味・由来 ｜ 水差しの耳

▶▶ 出典 ｜ 『ラーマーヤナ』など

▶▶ 伝承地域 ｜ インド

▶▶ 能力 ｜ 巨体に見合った剛力の持ち主。ラーマ軍の猿たちの攻撃を受け付けぬ防御力も備える。動きは鈍そうだが、歩幅が広いので意外と移動は速い。

速さ 7／力 8／防御 8／生命 7／魔力 5／知能 6

容貌魁偉な巨体の戦士

羅刹王ラーヴァナの弟。若いころに苦行をするも神に願いをうまく伝えられず、数か月眠っては目覚めるという奇異な生活を送ることになる。生肉を好む大食家で、ランカー島で随一の巨人に成長。あまりに容貌が恐ろしかったため、のちに攻め寄せたラーマ軍の猿たちも、彼を見ただけで恐慌を起こした。意外にも心は純真で道理をわきまえており、兄を非難してラーマとの講和を勧めるなど、かなり真っ当な人物。とはいえ一族は見捨てられず、兄ラーヴァナに要請されて出陣。猿たちの攻撃を受け付けず、槍を振るい、巨岩を投げ、あげくにバリバリ喰い出すという暴れっぷりを見せた。しかしラーマが射た大量の矢と円盤の攻撃で手足を切られ、首に「インドラの矢」を受けて倒された。

STRONG POINT
頑丈な巨体とそれゆえの剛力

出陣の際、眠っていたクンバカルナは数百の象に踏まれてやっと目覚めたという。頑丈な巨体は猿たちの攻撃もまるで受け付けず、相応に力もかなり強い。

WEAK POINT
強力な武器には弱い

体が頑丈といっても、あくまで通常の武器に対しての話。神から授かったような強力な武器に対しては、巨体が仇となってまず避けられないだけに相性が悪い。

VS 悪魔バトル
岩石や巨木で叩き割る

モロク（P.76）

モロクは大きな青銅像に降臨する。金属なので硬くはあるが、それだけに動きは鈍そうだ。巨岩を投げつけたり、引き抜いた木で打ち掛かり、先に破壊できれば勝てるだろう。ただし、生身のクンバカルナは疲れ知らずというわけではない。疲労で動けなくなる前に勝負を決する必要がある。

悪霊 No.20
夢魔（メア）
Mare

▶▶ 名前の意味・由来｜悪鬼／悪霊
▶▶ 出典｜ヨーロッパの伝承
▶▶ 伝承地域｜ヨーロッパ

▶▶ 能力｜悪夢を見せるので、魔力だけは高い。コウモリに変身して移動するともいわれるため速さも高めだが、戦闘力という意味では全般的な能力は低め。

- 力 3
- 防御 3
- 生命 3
- 魔力 8
- 知能 5
- 速さ 7

第四章 悪霊―クンバカルナ／夢魔（メア）

眠る者に悪夢を見せる悪霊

悪夢を見せる悪霊。英語で悪夢はナイトメア"Nightmare"だが、"mare"はもともと鬼神や悪霊を指す古英語で、さかのぼると古北欧語マラ"mara"に行きつく（マーラ／魔羅と同語源）。かくも昔より、悪夢は悪霊とセットだったわけだ。やがて悪夢の原因は「悪霊が眠る者の胸に座り込むため」と具体的になり、さらに夢精や淫靡な夢と結び付いて、男の精液を奪うサキュバス、眠っている女に悪魔の子を孕ませるインキュバスが登場。両者は個別の存在のようだが、"どちらにも姿を変える単一の悪魔"とする考えもあり、メアの概念も悪夢ではなく、これらの悪霊、夢魔を指すようになる。なお、悪夢を描いた絵画やゲームで見られる馬の魔物は、英語の"mare"が牝馬も意味するからだ。

STRONG POINT
悪夢の恐怖で人間を殺せる
人間は過度の興奮や恐怖で心不全を起こすことがある。悪夢で死ぬ可能性もあるわけで、人間にとって夢魔は意外と恐ろしい存在なのだ。

WEAK POINT
真っ向勝負は苦手
悪夢によって死や衰弱を誘発させる悪魔なので、戦闘力は期待できず真っ向勝負には不向き。当然ながら眠らない相手には有効な攻撃手段がない。

VS 悪魔バトル
眠っているあいだに悪夢で暗殺
ヒラニヤカシプ（P.108）

アスラの本体は霊的な魂といえるが、現世では肉体を備えていて睡眠もとる。ヒラニヤカシプは通常の存在にはまず"殺されない"が、悪夢は死を誘発するだけで直接殺すわけではなく、倒せる余地はある。ただ、失敗した場合は目覚めた彼にあっさり倒される可能性が高く、リスクは大きい。

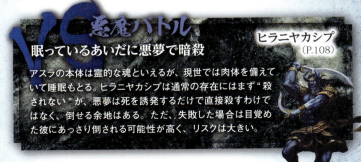

121

Devil Battle 4
悪魔バトル

闘争を求めるアガースラは波間に揺蕩うレヴィヤタンの姿を認めると、大蛇に変身して挑戦の雄叫びを上げた。強敵の気配を察したレヴィヤタンも血を滾らせ、素早く戦闘態勢に入る。屈指の巨体を誇る両雄が、地獄の海岸で今、激突！

詳細はP.110へ！

速さ 4
力 9
防御 8
生命 8
魔力 5
知能 4

大蛇に変身するインドの悪魔
アガースラ

インドの悪魔アスラのひとり。全長13kmという途方もない大蛇に変身して戦う。しなやかな巨体で絡みつき、締め上げる力は想像を絶する破壊力だ。また牙に隠された猛毒も侮れない武器である。

VS

並外れた巨体を誇る海竜
レヴィヤタン

唯一神が創造した最強の海洋生物。あまりにも狂暴なため、繁殖を防ぐために、つがいの片われが殺されたという札付きのワルだ。強大なパワーと堅固な重装甲に加え、水を操る能力がある。

詳細はP.20へ！

速さ 6
力 9
防御 10
生命 8
魔力 7
知能 7

illustration：合間太郎

Round 1
レヴィヤタンの津波が
アガースラを強襲!

大蛇に変じたアガースラは海岸から傲然とレヴィヤタンを見下ろす。生意気な挑戦者に対して怒りを募らせたレヴィヤタンは巨大な津波を引き起こし、打ち据えようとした。だが、アガースラは悠々と波に乗り、まるで意に介していない。

DANGER!

津波
海の支配者たるレヴィヤタンは水を操る魔術に長けている。津波はそのなかでも最も強力な術のひとつだ。

押し流されるどころか、しなやかに波間を渡り歩くアガースラ

Aghāsura
LIFE 80000/80000

Leviathan
LIFE 80000/80000

Round 2
両者の争いは肉弾戦へ！

津波が効かないと見るや、レヴィヤタンは即座に肉弾戦に切り替えた。海面を泳ぐアガースラに飛びかかり、その胴に噛みついて海中に引きずり込もうとする。その鋭い牙はアガースラの鱗を砕き、肉に食い込んだ。

DANGER!

牙
レヴィヤタンの顎には無数の鋭い牙が生えている。この口から炎を吐くことも可能だ。

レヴィヤタンの鋭牙が敵を噛み砕く！

Aghāsura　LIFE 56000/80000

Leviathan　LIFE 80000/80000

Round 3

アガースラが渾身の力で
レヴィヤタンを締め上げる！

激痛に耐えながら、アガースラは長大な胴体でレヴィヤタンの上腕から頭部に巻き付き、締め上げる。その凄まじい力はレヴィヤタンの重装甲をもってしても防ぎきれず、角や骨を粉砕。重傷を負い、戦意を失ったレヴィヤタンは深海へと敗走した。

痛みに耐えかねたレヴィヤタンは海の底へと逃げ込んだ！

DANGER!

締め上げ
長い胴体による締め上げは蛇種のお家芸だ。アガースラほどの大蛇であればあらゆるものを粉々にするだろう。

アガースラの勝利！！

Give Up!

Aghāsura

LIFE 56000/80000

Leviathan

LIFE 16000/80000

COLUMN

インド神話の悪魔たち

一神教の悪魔とは異なる
インド神話の悪魔

　インド神話のアスラ（阿修羅）は、もともと天空や法を司るヴァルナ神とその眷属、すなわちアーディティヤ神群を指し、インドラ神をはじめとするディーヴァ神族と並び立つ神だった。もっともディーヴァ神族は世界中に見られる自然をもとにした神々で、人々に受け入れられやすい存在といえる。一方、アーディティヤ神群は知識と魔力に根差した呪術的な面が強く、とくに民衆には受け入れられにくい面がある。しかも古代インドにおけるインドラ神の人気は絶大で、ヴァルナ神はインドラ神としばしば敵対する。となれば、アスラが単なる敵役にされても不思議ではない。しばしば強大なアスラ王が現れては神話世界を征服するのは、神としての姿の名残りなのだ。

　また、アスラのほかにラークシャサ（羅刹。女性はラークシャシー／羅刹女）やヤクシャ（夜叉。女性はヤクシニー／夜叉・薬叉女とも）といった存在もいる。どちらも人喰いの悪鬼と恐れられる存在で、土着の精霊、もしくは先住民のドラヴィダ人がモデル。というのも、インドには紀元前1500年頃にイラン高原からアーリア人が侵入した。現在見られる神話や叙事詩はこのアーリア人のもの。身分制度カーストを制定したのも彼らで、先住民と闘争した歴史から、ラークシャサやヤクシャをドラヴィダ人に見たてたというわけだ。

　悪魔ではないかもしれないが、インド神話のナーガ族も本来は南部でドラヴィダ人が信仰した蛇神がモデルになっている。

ヒンドゥー教以外の
宗教とも関連がある

　神としてのアスラは、ゾロアスター教や仏教に見られる。ゾロアスター教の最高神アフラ＝マズダーはアスラと同語源で、逆に悪魔を表すダエーワがディーヴァ神族のディーヴァと同語源になっている。

　仏教の阿修羅は天竜八部衆の一員として仏法を守護し、密教では明王に相当する。またラークシャサはサンスクリットで「守護すること」を表し、やはり仏教では羅刹天として仏法の守護者とされる。ヤクシャも同様で、毘沙門天の眷属として財宝を守護する存在だ。

叙事詩『ラーマーヤナ』における羅刹王ラーヴァナと眷属のラークシャサ。青黒い肌の悪鬼という姿は、精霊もしくは先住民への恐れから生じたのだろう。

興福寺の阿修羅像。仏教では阿修羅についての逸話も多い。インドラ神に相当する帝釈天と争う話はよく見られ、両者の関係を反映している。

第五章
ゴエティア
Fantasy Devil Encyclopedia

ゴエティア No.01

マルバス
Marbas

▶▶ 名前の意味・由来 ｜ ひげある者

▶▶ 出典 ｜
『ゴエティア』『大奥義書』
『悪魔の偽王国』『魔女術の開示』
『ウィンザーの陽気な女房たち』
『ヘンリー5世』『地獄の辞典』

▶▶ 伝承地域 ｜
ヨーロッパ

▶▶ 能力 ｜
悪魔のなかでは中の上という立ち位置。基本はライオンに似た姿なので、身体能力に優れる。隠されたものや秘密に精通しており、知能も高い。

地位	▶ 大総統
軍団数	▶ 36

速さ 6 / 力 6 / 防御 7 / 生命 6 / 魔力 5 / 知能 7

illustration:合間太郎

秘密を暴露し、疫病をもたらす悪魔

第五章 ゴエティア─マルバス

ソロモン王が従えた72柱の5番目で、36の軍団を率いる大総統。ライオンの姿で現れるが、召喚者に命じられれば人の姿をとり、ほかの人間を変身させることもできる。紳士的かつ知的で、隠されたものや秘密について答えてくれたり、機械工学や手工芸にも精通。また病魔を操る能力を有し、蔓延と治療を自在に行える。『悪魔の偽王国』ではバルバスと呼ばれているほか、シェイクスピアのふたつの戯曲に登場するバルバソン(Barbason)も、その別称だという。『大奥義書』によれば宰相ルキフゲ・ロフォカレの配下であり、スコットの『魔女術の開示』にはパイモンを従えるとある。大王たるパイモンが総統に従うのは奇妙に思えるが、魔神72柱はみな横並びで、階級は単なる分類と考えたほうがいい。

STRONG POINT
疫病をもたらす力

マルバスの能力で戦いに向いているのは病を操る力だろう。即効性はあまり望めないものの、確実に相手の身体を蝕むことができる。

WEAK POINT
不明

宰相の部下で、大王を従えているとなるとかなり強そうだ。またその風貌からも、特定の事象に対する弱さを見出すことは難しいだろう。

COLUMN ─ 劇場でも話題のバルバスン

シェイクスピアの『ウィンザーの陽気な女房たち』において、悪態をつく際に、バルバスンは魔王ルシファーや東方を司る王アマイモンと並び称されるほどだった。『ヘンリー5世』では「ソウラス(solus)と何度も唱えると召喚できる悪魔」と考えられていた節がある。ソウラスは本来ラテン語で「単独」だが、魂(Soul)や太陽(Sol)と発音が似ており、獅子の姿の魔神には相応しい。

VS 悪魔バトル ─ 病をもたらす獅子頭の戦い

パズズ (P.92)

いずれも病魔をもたらすのが得意な悪魔なので、まずはその力の応酬からだ。魔力の高さが優劣のポイントになるが、病を癒す力がある分、マルバスのほうが勝負を有利に運べるだろう。一方、パズズには熱風による攻撃のほか、大量のイナゴを呼び寄せるという手が残されている。

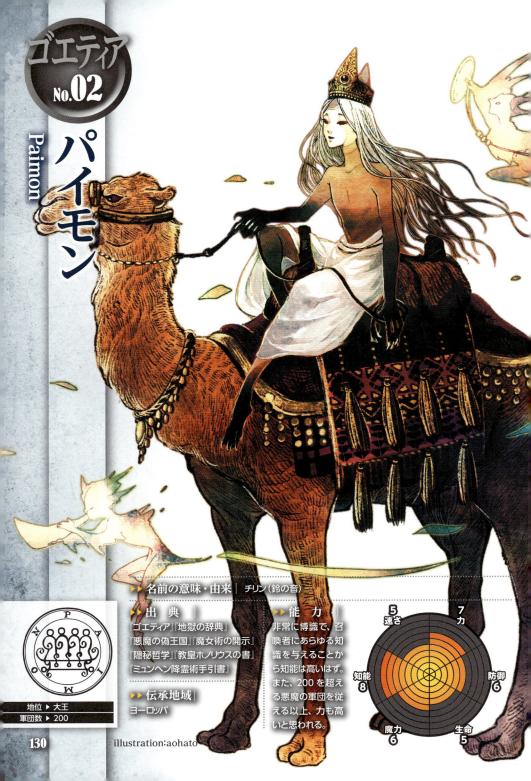

ゴエティア No.02

パイモン / Paimon

▶▶ 名前の意味・由来 ｜ チリン(鈴の音)

▶▶ 出典 ｜
『ゴエティア』『地獄の辞典』
『悪魔の偽王国』『魔女術の開示』
『隠秘哲学』『教皇ホノリウスの書』
『ミュンヘン降霊術手引書』

▶▶ 伝承地域 ｜
ヨーロッパ

▶▶ 能力 ｜
非常に博識で、召喚者にあらゆる知識を与えることから知能は高いはず。また、200を超える悪魔の軍団を従える以上、力も高いと思われる。

地位 ▶ 大王
軍団数 ▶ 200

速さ 5
力 7
知能 8
防御 6
魔力 6
生命 5

illustration:aohato

技術と知恵を授ける博識な魔神

第五章 ゴエティア／パイモン

ソロモン王が従えた72柱の9番目。多くの書で言及されているが『悪魔の偽王国』がもっとも詳しい。熾天使もしくは主天使で、現在は200の軍団を率いる大王。女の顔をした男で、輝く冠を被り、足の速いヒトコブラクダに乗る。トランペットやシンバルを主とした魔神楽団とともに大音響で出現する。声が非常に大きく、最初はまともに会話できないため、聖なる力で服従させる必要がある。博識で地・水・風および奈落に関する数多の秘密を知り、召喚者に爵位を与えるほか、哲学・芸術・科学に関する知識を教授し、有能な使い魔も授ける。さらに逆らう者を自らの鎖で呪縛し、召喚者に従えさせる。供儀を捧げると小部隊で呼び出せるが、ベバル＆アバラムという2名の王（能天使25軍団の指揮官）がついてくる。

STRONG POINT
悪魔の軍団
その規模はまちまちだが、パイモンは能天使＆天使で構成された軍団を200以上も配下に置くという。余程強大な敵でない限り、数の暴力で圧殺できるはずだ。

WEAK POINT
なし
非常に声が大きく、服従させるまでまともに会話できない点は玉に瑕。ただ、戦闘において声の大きさはマイナスにはならないため、弱点とはいえないだろう。

COLUMN
肩書はさまざまだが実力が高いことは確か

パイモンは魔王ルシファーのことをもっとも理解していた側近中の側近とされていて、強大な権力を手にしていた。また、地獄を東西南北に分割したうちの一方向（西か北、あるいは北西）を支配する四方の王の地位を与えるという文献も残っている。さらにアグリッパの『隠秘哲学』のなかで、パイモンはアザゼルと同一視されている。なんにせよ地獄でも屈指の実力者なのだ。

VS 悪魔バトル
数的優位を活かせるか
アンラ＝マンユ（P.96）

数多の災厄と悪竜アジ・ダハーカらを従える暗黒神アンラ＝マンユと、200を超える悪魔の軍団を支配下に置く地獄の王の対決。パイモンが悪魔の軍団に的確な指示を出し、アンラ＝マンユとアジ・ダハーカを分断。各個撃破できるかが勝負の分かれ目となるだろう。

ゴエティア No.03
フルフル
Furfur

▶▶ 名前の意味・由来 ｜ 悪党／遥か遠く

▶▶ 出典 ｜
『ゴエティア』『地獄の辞典』
『悪魔の偽王国』『魔女術の開示』

▶▶ 伝承地域 ｜
ヨーロッパ

地位 ▶ 大伯爵
軍団数 ▶ 26

▶▶ 能力 ｜
引き連れている悪魔の軍団の戦力も考慮すると力や防御は平均以上。天候や人間の感情をコントロールできることから魔力や知能も高いだろう。

- 速さ 5
- 力 5
- 防御 6
- 生命 5
- 魔力 7
- 知能 7

132　illustration:七片 藍

天候や感情を操る魔神

ソロモン王が従えた72柱の34番目。26の軍団を従える有能な大伯爵。燃え盛る尻尾の雄のアカシカの姿をしていたが、プランシーの『地獄の辞典』の挿絵でコウモリの翼を添えられて擬人化され、以来その姿が定番となった。これはボルヘスの『幻獣辞典』に登場するペリュトンと酷似している。はじめは嘘八百を並べて召喚者を騙そうとするが、地面に描いた三角形内に呪縛すると、外見が変化して天使となり、どのような質問に対しても独特のハスキーボイスで正直に答えるようになる。天候操作の能力もあり、自由自在に落雷、稲妻、突風、暴風雨を引き起こせる。また感情をコントロールし、特定の男女を相思相愛にするという「縁結びの神」的な能力も備え、秘密や聖なる物事に関しても通じている。

第五章 ゴエティア／フルフル

STRONG POINT 天候操作

フルフルの強みは、やはり天候を操作できることだろう。稲妻や突風などは防ぎようがなく、人間はもちろん悪魔にも有効な攻撃手段となるはずだ。

WEAK POINT 三角形

フルフルは呪縛の三角形のなかに入れられると外見や性格が変化する。この状態でも天候を操作することは可能だが、嘘がつけないので騙し合いでは不利となる。

COLUMN
名前の由来には諸説ある

フルフルの名前の由来には諸説ある。ラテン語のフル（fur）には「泥棒」や「ならず者」の意味があり、それが二重になっている。もしくはフルチフェル（furcifer）すなわち「悪党」の変化形という可能性もある。一方フルフルの別名にフルトゥル（Furtur）があり、これは英語のファーザー（further）すなわち「より遠く」に語形が近く、素早く遠くまで駆け抜けるイメージとなる。

悪魔バトル VS
遠距離戦なら勝機はある
レヴィヤタン (P.20)

レヴィヤタンは旧約聖書に登場する巨大な蛇のような怪物。体格差がかなりあるため、フルフルとしては真っ向勝負は避けたいところ。天候操作の力を駆使して遠距離から攻めるのがベストか。レヴィヤタンに距離をつめさせないように立ち回れるかが勝負のポイントになるだろう。

ゴエティア No.04

マルコシアス
Marchosias

▶▶ 名前の意味・由来 | 侯爵なる者

▶▶ 出典
『ゴエティア』『地獄の辞典』
『悪魔の偽王国』『魔女術の開示』

▶▶ 伝承地域
ヨーロッパ

地位 ▶ 大侯爵
軍団数 ▶ 30

▶▶ 能力
屈強な戦士とされるため、力や防御などの能力は平均以上。また、召喚者の質問に正解を提示するというから、それなりの知識を有している。

速さ 5
力 7
知能 6
防御 7
魔力 5
生命 6

illustration：森野ヒロ

極めて忠実な戦士

第五章 ゴエティア／マルコシアス

ソロモン王が従えた72柱の35番目。30の軍団を従える有能な大侯爵だ。大鷲の翼と蛇の尻尾が生えた狼で、口から火を吐く(ヴァイヤーの『悪魔の偽王国』では「獰猛な雌狼」で、「何を吐くか具体的には不明」とある)。召喚者に極めて忠実で、命令があれば人間の男性に変身することもできる。屈強な戦士であり、召喚者の疑問に真実で答えてくれる知恵者でもある。かつては、天使階級の第四位に数えられる主天使だった。地獄に堕ちた経緯については謎に包まれているが、ソロモン王に使役された際「1200年後には第七天の御座に戻りたい」という願いを語り、受け容れられたそうだ。だが『悪魔の偽王国』では「その希望は叶えられない」とバッサリ切り捨てられており、悲哀を感じざるを得ない。

STRONG POINT
変身能力

召喚されたときは狼だが、命令すれば人間に変身できる。火を吐く狼と頑強な戦士、相手に応じてふたつの姿を使い分けられる点はマルコシアスの強みだろう。

WEAK POINT
儚い希望

現状ではとくに天敵らしい存在も見つかっていない。強いていうなら儚い希望にすがっている心の弱さか。悪魔との戦いではそれは大きな弱点になりうるが……。

COLUMN

人間界では人気者？
愛される魔神マルコシアス

その恰好いいフォルムと誠実な性格により、マルコシアスは多くの人々に愛されてきた。日本の魔術師・江口之隆は『西洋魔物図鑑』において、マルコシアスがゴモリーの騎獣だという説を唱えている。また90年代の人気テレビ『いかすバンド天国』で「たま」と競い合い、4代目グランドイカ天キングとなったロックバンドが、マルコシアス・バンプ(MARCHOSIAS VAMP)という名であった。

VS悪魔バトル
狼の姿であれば実力は五分
アスタロト (P.64)

アスタロトは竜のような獣に乗り、有毒で悪臭を伴う息を武器に戦う。マルコシアスも狼の姿なら大鷲の翼で空を飛べるので、機動力で劣ることはないはず。毒の息を火の息で相殺しつつ、スキを見て接近。その牙で致命傷を与えられればマルコシアスの勝利となるが……。

ゴエティア No.05

フェニックス
phoenix

▶▶ 名前の意味・由来 ｜ 赤紫なる者

▶▶ 出典 ｜
『歴史』『第二エノク書』
『ゴエティア』『地獄の辞典』
『悪魔の偽王国』『魔女術の開示』
など

▶▶ 伝承地域 ｜
エジプト／ヨーロッパ

▶▶ 能力
その身を燃やして蘇える不死鳥そのものである悪魔。その性質が伝承の聖鳥と変わらないとしたら、魔力や生命もかなり高いといえよう。

速さ 7
力 5
防御 4
生命 10
魔力 7
知能 5

地位 ▶ 大侯爵
軍団数 ▶ 20

illustration:aohato

魔神としての不死鳥

ソロモン王が従えた72柱の37番目。20の軍団を指揮する大侯爵。召喚されると不死鳥の姿で現れ、人間の子どものような甘い声で、いくつも麗しき歌を披露する（『悪魔の偽王国』によれば、極めて蠱惑的な歌なので注意が必要）。召喚者に強制されれば人間の姿になり、科学の偉大さについて滔々と語る。詩人としても優れている。マルコシアス同様

「1200年後には第七天の御座に戻りたい」と願っている。実際旧約疑典『第二エノク書』によると、世界秩序を司る第六天には7体のフェニックスが棲んでいる。最高位の熾天使7体、次席の智天使7体とともに21体で輪になって、えもいわれぬ歌を歌う。これこそが堕天する前の輝かしき姿であり、悪魔となってもその歌を忘れない姿勢に感嘆を覚える。

第五章
ゴエティア／フェニックス

STRONG POINT
不死身の肉体

不死身の肉体は、どんな相手と戦うにしても大きな武器となるだろう。また火炎を操ったり耐えたりする力も備えている可能性がある。

WEAK POINT
蘇えれるかがカギ

不死鳥の伝承と同一存在であるなら蘇生するのはあくまでも死んでから。逆に言えば殺せるわけであり、また再生のための炎を防がれたら致命的だ。

COLUMN

伝承の火の鳥の正体は？

フェニックスはアラビア棲息の黄金と深紅の羽毛の猛禽として、ヘロドトスの『歴史』（紀元前5世紀）に初登場する。父鳥が死ぬと、子鳥は薬で作った卵型の棺桶に遺骸を封じ、エジプトの太陽神殿まで運ぶ。その周期は500年に1度。炎の中から再生するのは、以降のギリシアやローマの諸著述家による描写だが、そこには「堕天」を想起させる流星や彗星のイメージが重ねられているようだ。

VS 悪魔バトル
悪魔の軍団 VS イナゴの軍勢
アバドン
（P.42）

アバドンの最大の武器は、引き連れている異形のイナゴだろう。このイナゴの尻尾には毒があり、刺されると5か月も苦しむという。ただ、フェニックスにも悪魔の軍団という心強い味方がいるので、物量で押し切られることはない。指揮官を先に潰したほうが戦いを制すだろう。

ゴエティア No.06

ヴェパル
Vepar

▶▶ 名前の意味・由来 | 蛇？

▶▶ 出典
『ゴエティア』『地獄の辞典』
『悪魔の偽王国』『魔術の開示』

▶▶ 伝承地域
ヨーロッパ

地位 ▶ 大公爵
軍団数 ▶ 29

▶▶ 能力
嵐を起こしたり、船団の幻影を出現させることから、高い魔力があると思われる。また、人魚なら海中を素早く移動できるので、機動力も高い。

- 速さ 8
- 力 5
- 防御 5
- 生命 5
- 魔力 7
- 知能 6

illustration：桑代剛志

海や水に関係が深い魔神

ソロモン王が従えた72柱の42番目。29の軍団を支配する力ある大公爵。船の武装を強化し、水先案内をしてくれる（これを表すように、その紋章は「船に絡みつく大海蛇」に見える）。船団（もしくはその幻影）を出現させるほか、召喚者が望むなら、逆に海を荒れさせて嵐を呼ぶことも可能だ。人体に痛みを伴う傷口を発生させ、ウジを湧かせ、3日で死に至らしめる、という恐ろしい力もある。ヴァイヤーの『悪魔の偽王国』によれば、別名はセパル（Separ）であり、前記した自分で発生させた死に至る傷を、完全に癒すこともできるそうだ。なんとその姿は「人魚の女性」であり、記述にはないが、歌や魅惑的な仕草で男たちを誘惑して溺れさせることもできそうだ。いろいろと油断ができない魔神である。

第五章 ゴエティア／ヴェパル

STRONG POINT
海で活きる力
天候操作や幻影を作り出す力は、戦場が海であれば非常に役に立つ。悪魔相手には効かないかもしれないが、傷を化膿させる力も強力だ。

WEAK POINT
乾燥
ヴェパルは人魚の悪魔なので、太陽光や炎などに弱い可能性がある。これらが弱点となり得る場合は、相手が誰であれ陸で戦うのは避けたいところだ。

COLUMN
数少ない女性型で水域の魔神ヴェパル

『ゴエティア』のなかで水に関わる魔神は、ほかには序列30位の大海獣フォルネウスと、序列41位の溺死と転覆を司るフォカロルしかいない。また女性型は、ほかには序列56位のゴモリーぐらいだ。ただ『ゴエティア』の原文はいずれも「彼」と書かれており、あくまで外見の話になる。悪魔や魔神には、本来性別は存在しないと考えたほうがいいのかもしれない。

VS 悪魔バトル
内側から攻めれば勝てる？
レヴィヤタン（P.20）

レヴィヤタンは体格、パワーともに規格外で、まともに戦えば間違いなくヴェパルが敗北する。ただ、船団の幻影を出して敵の注意をそらし、そのスキに体内に侵入。内側から攻撃を仕掛ければヴェパルが勝つかもしれない。相手に気づかれずに体内に入れるかがポイントになるだろう。

ゴエティア No.07 ヴィネ / Vine

▶▶ **名前の意味・由来** | 葡萄（の蔓）／破城槌

▶▶ **出典** | 『ゴエティア』『地獄の辞典』『悪魔の偽王国』『魔術の開示』

▶▶ **伝承地域** | ヨーロッパ

▶▶ **能力** | 隠されたものを探し出すほか、ものを作ったり、破壊する力がある。その能力の性質上、ほかの悪魔や魔神と比べて魔力や知能が高いといえよう。

- 速さ 5
- 力 5
- 防御 4
- 生命 5
- 魔力 7
- 知能 7

地位 ▶ 大王にして伯爵
軍団数 ▶ 36

illustration：NAKAGAWA

王にして伯爵の悪魔

第五章 ゴエティア―ヴィネ

ソロモン王が従えた72柱の45番目。36の軍団を率いる大王かつ伯爵。ふたつの地位についているとは、日本では想像しにくいかもしれないが、国王がほかの国で爵位を得るというのは、西洋ではよくあること。ともかくヴィネは黒馬に乗った獅子で、手にはクサリヘビを持っている。その権能は、隠された物事や悪しき魔女／魔術師を発見し、過去～未来の物事を知ることにある。さらに召喚者が命じれば、塔を建設したり、強固な石壁を倒壊させたり、水面を波立たせたり、嵐を起こすこともできる。名前をラテン語で素直に読めば「葡萄」もしくはその木や蔓となって意味不明だが、ローマ時代の攻城兵器にウィネア（Vinea）と呼ばれた破城槌があり、攻城戦に強そうな魔神に相応しい名である。

STRONG POINT
創造と破壊の力

塔を建てたり城壁を壊す能力は攻城戦において極めて役に立つ。騎兵として近づき、毒蛇に噛ませるのもいい作戦だが、悪魔との戦いではやや使いにくいか。

WEAK POINT
個人戦での立ち回り

攻城戦で真価を発揮するという特徴を、個人戦にどう役立てるかが肝となる。ものを探す能力は、相手が悪魔だと活用するのは難しいかもしれない。

COLUMN

ソロモン72柱の地位と序列とは

ソロモン王が使役した72柱の魔神は、魔界のエリートたる存在だ。番号も割り振られ、それぞれ王、公爵、公子、侯爵、伯爵、総統、騎士などの地位につき、何十もの悪魔の軍団を従えている。ただ番号は書によって異なる。地位は召喚条件（呼べる時間帯など）による分類で、実際のパワーや上下関係を表したものではない。複数の地位にある魔神は、むしろ召喚しやすい存在なのだ。

VS 悪魔バトル
順当にいけばヴィネの勝利

フルフル（P.132）

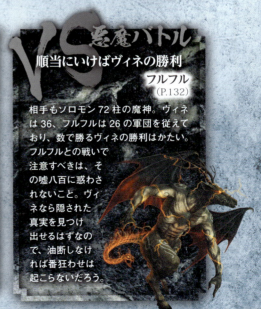

相手もソロモン72柱の魔神。ヴィネは36、フルフルは26の軍団を従えており、数で勝るヴィネの勝利はかたい。フルフルとの戦いで注意すべきは、その嘘八百に惑わされないこと。ヴィネなら隠された真実を見つけ出せるはずなので、油断しなければ番狂わせは起こらないだろう。

ゴエティア No.08

Gomory / ゴモリー

▶▶ 名前の意味・由来 | ラクダ

▶▶ 出典
『ゴエティア』『地獄の辞典』
『悪魔の偽王国』『魔女術の開示』
『ミュンヘン降霊術手引書』

▶▶ 伝承地域
ヨーロッパ

地位 ▶ 公爵
軍団数 ▶ 26

▶▶ 能力
ゴモリーは過去・現在・未来のことを語り聞かせてくれるほか、女性を意のままに操れる。魔力や知能が高いからこそ、このような力が使えるのだ。

速さ 5 / 力 4 / 防御 4 / 生命 5 / 魔力 7 / 知能 6

142　illustration:池田正輝

地獄でも希少な女公爵

ソロモン王が従えた72柱の56番目。ゴモリーは『偽の悪魔王国』での呼称であり、『ゴエティア』ではゲモリーである。どちらにせよ、ヘブル語で「ラクダ」を意味するガマールに由来する。26の軍団を従える力強き公爵。麗しき女性の姿をしており、女公爵位を表す冠を保持する（被らず「腰辺りに結わえている」という記述もあるが、誤記らしい）。その騎獣は立派な（おそらくフタコブ）ラクダである。現在・過去・未来を見通したり、隠された宝物を探す力がある。そして召喚者が望めば、それらの知識や場所を教えてくれる。また（年齢によらないが、とくに未婚の）女性の感情をコントロールし、その好意を特定の男性に向けさせたり、男性が好むタイプの女性を引き寄せるという力も保有している。

第五章 ゴエティア／ゴモリー

STRONG POINT
未来予知
過去や現在はもちろん、未来の知識まで有する。未来予知が可能ということなら、戦闘をはじめとするあらゆるシーンでアドバンテージが得られる。

WEAK POINT
肉弾戦に弱い？
弱点らしい弱点は確認できない。ただ女性型なので腕力や耐久力は、ほかの魔神に劣るかもしれない。能力的にも肉弾戦は得意ではないだろう。

COLUMN
悪魔・魔神の名称は一定ではない
ゴモリーに限った話ではないが、悪魔や魔神の名前は、国や時代や資料などで異なるケースが多い。例えばゴモリーのことを、クロウリーら黄金の夜明け団の魔術師はグレモリーもしくはガモリーと呼んだ。これらは音の響きが似ているため、まだ理解できる。より古い15世紀頃の魔術書『ミュンヘン降霊術手引書』ではガエネロン（Gaeneron）で、従える軍団数が1つ増えて27になっている。

悪魔バトル
憑依能力だけ警戒すればOK
アスモデウス (P.24)

七つの大罪の「色欲」を司る悪魔。人間に取り憑くことができ、女性に憑依して夫となる男性を次々と殺していった。この憑依能力は厄介だが、ゴモリーには未来透視力があるため、簡単には騙されないはず。搦め手なしの真っ向勝負に持ち込めば悪魔の軍団を従えるゴモリーが勝つだろう。

ゴエティア No.09

オリアス
Orias

▶▶ 名前の意味・由来 ｜ オリオン座／東方／道案内

▶▶ 出典 ｜
『ゴエティア』『地獄の辞典』
『悪魔の偽王国』『魔女術の開示』

▶▶ 伝承地域 ｜
ヨーロッパ

▶▶ 能力 ｜
さまざまな魔術を習得しており、天文学にも詳しいことから魔力や知能はそれなりに高いと思われる。また、馬に乗っているので機動力も高いといえよう。

- 地位 ▶ 大侯爵
- 軍団数 ▶ 30

- 速さ 7
- 力 4
- 防御 4
- 生命 5
- 魔力 6
- 知能 7

144　　illustration:月岡ケル

地獄で天文学をマスター

ソロモン王が従えた72柱の59番目。30の軍団を従える大侯爵。外見は蛇の尾を生やした獅子。ただし尾は複数だったり、本人ではなく馬に生えているという説もある。また、手には2匹の大蛇を持っている。召喚時には馬に乗って現れる。人間の姿を変える、召喚者に爵位や高位の祭職を与える、友人や敵からの好意をもたらすなど、さまざまな権能がある。名の由来であるオリオン座が示すように、天文学と占星術にも精通する。ちなみに英雄オリオンはエーゲ海のヒオス島で獅子を退治しており、その毛皮を手にした図像で描かれることが多い。またオリオン座の三ツ星は彼のベルトの位置にあるが、エジプトではその三ツ星は死と再生の神オシリスと同一視された。いずれにせよ占星術では重要な星だ。

第五章 ゴエティア――オリアス

STRONG POINT
地獄の名馬

オリアスの馬は強大かつ強壮だという。魔神が乗れるくらいなので、かなり大きくて頑丈なのだろう。この馬が誇る高い機動力は戦いでは大きな強みとなる。

WEAK POINT
戦闘能力の記述がない

蛇や獅子の口で噛みつけるはずだが、書物に具体的な戦闘能力は一切書かれておらず、未知数である。

COLUMN
魔神が持つ蛇はじつは杖だった？

ソロモン72柱の魔神には蛇を手にしている者が多い。これについて、ラテン語から英語にする際、セプトルム（sceptrum＝軍団長の指揮杖）をサーペント（serpent＝蛇）と誤訳したのではないかという説がある。だが蛇を二重らせんに巻きつけた翼あるカドゥケウス（caduceus＝伝令使の杖）や、一匹の蛇を巻いたアスクレピオスの杖も存在するため、そうとも言い切れない。

VS 悪魔バトル
空を飛ばれたら勝ち目は薄い
マルコシアス (P.134)

マルコシアスは大鷲の翼を生やした狼で、機動力に優れている。オリアスも馬に乗っているので、地上では遅れをとることはないはずだが、空を飛ばれたら手も足も出ない。上空から火を吐かれ、一方的に焼き殺される恐れもある。宙に蛇を飛ばすことはできるか？

ゴエティア No.10

Zagan ザガン

▶▶ 名前の意味・由来 | 不明

▶▶ 出典 |
『ゴエティア』『地獄の辞典』
『悪魔の偽王国』『魔女術の開示』

▶▶ 伝承地域 |
ヨーロッパ

▶▶ 能力 |
物質の性質を変化させる高度な術を習得している。物体の性質を理解していないと使えないはずなので、優れた魔力と知能を有するはずだ。

地位 ▶ 大王にして総裁
軍団数 ▶ 33

速さ 5
力 5
防御 5
生命 4
魔力 7
知能 7

illustration：合間太郎

地獄の王にして総裁の魔神

第五章 ゴエティア／ザガン

ソロモン王が従えた72柱の61番目。33の軍団を率いる大王にして総裁。召喚時は、大鷲の翼を生やした大きな雄牛の姿をしているが、しばらくすると勝手に人間の姿に変わる。その能力は、ものの性質を変化させることに特化している。例えばワインを水に、血をワインに、そして水をワインに変えることができる。またあらゆる金属を、その金属で作られた硬貨へと変換できる。さらに愚者を賢者にし、ウィットを授けるなど、ものだけでなく人間の性質すらも変えてしまう。『悪魔の偽王国』ではザガム（Zagam）と呼ばれ、物質の性質を変化させる錬金術のような力について、「ワイン」の部分が「油」になっており、さらに「逆も可能」と具体的だ。すなわち賢者を愚かにすることもできるかもしれない。

STRONG POINT
ザガン流錬金術
水やワインなど、特定の物質の性質を変化させる、まるで錬金術のような能力がある。敵の水樽や水筒を油にして火を点ければ奇襲できるだろう。

WEAK POINT
なし
物質変換、知能制御、飛行、肉弾戦能力といずれにも優れているザガンに、死角はない。弱点と呼べるようなものはないといっていいだろう。

COLUMN
グリフィンの翼とはこれいかに？

魔神の描写の原文では「グリフィン（griffin/griphen）の翼を有する」と書かれている。しかしグリフィンは上半身が鷲で下半身が獅子の怪物であり、翼だけなら鷲と区別がつかず意味がない。実は元のラテン語グリュプス（gryps/gryphi）は、古くは単に大鷲型の怪物だった。これが英語化されグリフィンもしくはグリフォン（gryphon）となると、語尾のオンがライオンから来たと誤解されたのだ。

VS 悪魔バトル
改心させれば勝ったも同然
ルシファー (P.16)

天使にも関わらず神に叛いて地獄に落ち、悪魔を束ねる存在となったルシファー。まともに戦えば間違いなくザガンが負けるが、人の性質を変える力がルシファーにも有効ならば、ザガンにも勝機はある。ルシファーを慈悲深いものに変えてしまえば、ザガンの不戦勝となるが果たして……。

147

ゴエティア No.11

アムドゥスィアス
Amdusias

▶▶ 名前の意味・由来 ｜ 娯楽?

▶▶ 出典 ｜
『ゴエティア』『地獄の辞典』
『悪魔の偽王国』『魔術の開示』

▶▶ 伝承地域 ｜
ヨーロッパ

▶▶ 能力 ｜
音楽を奏でたり、木を操る力がある。魔力は高いが、それ以外の能力は平均的。ただ、ユニコーンの姿であれば機動力はそれなりに高くなる。

速さ 7 / 力 5 / 防御 5 / 生命 5 / 魔力 7 / 知能 5

地位 ▶ 大公爵
軍団数 ▶ 29

148　illustration:合間太郎

音楽と木に関係する魔神

ソロモン王が従えた72柱の67番目。29の軍団を率いる強力な大公爵。召喚時はユニコーンの姿をしているが、召喚者の命令ひとつで人間に変身する。その際どこからともなくトランペットをはじめさまざまな楽器の音が聞こえてきて、変身が完了すると止むという。なんだか魔法少女ものの変身シーンを彷彿とさせるではないか。紋章もドラムとトランペッ

トを組み合わせたように見える。プランシーの『地獄の辞典』の挿絵では、頭だけユニコーンの人間で、手足の爪が鋭く、何本ものラッパに囲まれている。そんなお茶目な印象の魔神だが、優秀な使い魔も授けてくれる。また召喚者の命じるまま、木々やその枝を傾けたり折り曲げたりできる。ゲリラ戦にはもってこいだけでなく、木製の建造物を倒壊させられる。

第五章

ゴエティア／アムドゥスィアス

STRONG POINT
木々を操る力

自由自在に木を折り曲げたり、傾けることができる。その能力の性質上、森林では無類の強さを発揮するはず。逆に草原などでは戦闘力が低下するだろう。

WEAK POINT
肉弾戦は苦手か？

いざ接近戦になると、使えるのは頭の一本角だけ。一撃の殺傷力は強いが、掴まれてしまうと何もできなくなってしまう恐れがある。

COLUMN

超絶技巧の音楽には魔物が潜んでいる？

ハーメルンの笛吹き、モーツアルト最後の歌芝居『魔笛』、弾くと倒れるまでやめられない呪われたバイオリン、悪魔に魂を売って名曲を作り早死にしたといわれるミュージシャンなど、悪魔と関連付けられそうな音楽にまつわる伝説は世界各地で見られる。その背後にはアムドゥスィアスのような魔神がいて、その力を行使したり、人間に力を与えているのかもしれない。

VS 悪魔バトル
森林に誘い込めば有利に
アバドン
（P.42）

29の軍団を率いるアムドゥスィアスと、異形のイナゴの軍勢を従えるアバドンの戦い。両軍入り乱れての乱戦になることが予想される。アムドゥスィアスはその能力を活かすためにも相手を森林に誘い込みたいところだが、果たしてアバドンがその誘いに乗ってくれるか……。

その他のゴエティア

魔導書『ゴエティア』に記されている悪魔は全部で72体いる。ここでは、イラスト付きで掲載しているもの以外の56体の悪魔たちを、簡単に紹介していく。

 Agares
アガレス
31の軍団を率いる公爵。地震を起こし、あらゆる言語を教示する。ワニに乗り、手に大鷹を止まらせている。

 Vassago
ヴァッサゴ
26の軍団を率いる大公。姿はアガレスと同じで性格は善良。過去や未来を告げ、隠されたもの、失われた者を見つける。

 Samigina
サミギナ
30の軍団を率いる侯爵。仔馬またはロバの姿で現れ、あらゆる基礎教養を教授し、罪を得て死んだ者について語る。

 Valefor
ヴァレフォル
10の軍団を率いる公爵。噛るロバの頭をした獅子の姿で、自分が得意な盗みをするよう誘惑してくる。

 Barbatos
バルバトス
30の軍団を率いる公爵。4人の高貴な王と随員を連れて現れ、生物の声を理解させ、魔術師が宝にかけた魔法を破る。

 Buer
ブエル
50の軍団を率いる総裁。ケンタウロスの姿で現れ、さまざまな学問や哲学、あらゆる薬草の効能を教え、人間を癒す。

 Gusion
グシオン
40の軍団を率いる公爵。音楽家の姿で、名誉と尊厳を授け、友情を結ばせ、また和解させ、あらゆる物事について答える。

 Sitri
スィトリー
60の軍団を率いる大公。豹の頭、大鷲の翼がある。男女の心を燃え上がらせ、自ら進んで裸にさせる。

 Beleth
ベレス
85の軍団を率いる王。青白い馬に乗り、楽器を弾きながら現れる。男女を問わず、あらゆる愛を取り持つ。

 Leraie
レライェ
30の軍団を率いる侯爵。緑の服を着た狩人の姿で現れ、戦争と論争を引き起こし、相手の傷の回復を阻害する。

 Eligos
エリゴス
60の軍団を率いる公爵。騎士の姿で現れ、兵士の未来と何をすべきかを知り、偉大な者からの愛情をもたらす。

 Zepar
ゼパル
26の軍団を率いる侯爵。赤い服と鎧を纏って現れ、人間を満足するまで変身させ、男女を惹きつけさせ、不妊にする。

 Botis
ボティス
60の軍団を率いる総裁にして伯爵。蛇の姿で現れ、過去から未来の知識を授ける。命じると角と牙がある人型になる。

Bathin
バスィン
30の軍団を率いる公爵。青白い馬に乗り、蛇の尾がある逞しい男の姿。薬草と貴石の効能を教え、瞬時に他国へ送る。

Purson
プルソン
22の軍団を率いる王。顔は獅子でクマに乗っている。自在に変化し、あらゆる物事を語り、よき使い魔を授ける。

Aim
アイム
26の軍団を率いる公爵。蛇、男、仔牛の頭があり、手にした松明で放火し、また知恵が回るようにする。

Glasya Labolas
グラシャ＝ラボラス
36の軍団を率いる総裁。グリフィンの翼がある犬の姿で現れ、人文科学の知識を授け、人間を不可視にする。

Ronove
ロノヴェ
19の軍団を率いる侯爵。怪物の姿で現れて修辞学を教授し、言語とよき使い魔の知識、味方からの好意を授ける。

Forneus
フォルネウス
29の軍団を率いる侯爵。海の怪物の姿で現れ、高度な修辞学と言語の知識、高い名声、友人と敵からの愛を授ける。

Gaap
ガアプ
66の軍団を率いる総裁にして大公。人間を厚顔無恥、無学になるよう仕向け、また非常な高速で運ぶ。

Halphas
ハルファス
26の軍団を率いる伯爵。鳩の姿で現れ、塔もしくは街を建設して武器で満たし、兵士たちを戦地へと送る。

Saleos
サレオス
30の軍団を率いる公爵。冠を戴いてワニに乗った兵士の姿で現れ、男女のあいだに愛情を生じさせる。

Ipos
イポス
36の軍団を率いる伯爵にして大公。獅子の頭、ガチョウの足がある。すべての物事を語り人間を知的で豪胆にさせる。

Naberius
ナベリウス
19の軍団を率いる侯爵。黒い鶴の姿で現れ、あらゆる自然科学、人文科学を教授し、失われた名誉を回復する。

Bune
ブネ
30の軍団を率いる公爵。犬、大鷲、人間に似た頭がある三首竜で、富と賢さを与えて雄弁にさせる。

Berith
ベリス
26軍団を率いる公爵。金冠を戴いて赤い馬に乗った兵士の姿で現れ、金属を黄金に変え、他人からの信望を得させる。

Foras
フォラス
29の軍団を率いる総裁。屈強な人間の姿で現れ、薬草や貴石の効能、論理学、倫理学を教授する。

Stolas
ストラス
26の軍団を率いる大公。大鴉の姿で現れ、その後人間の姿になる。天文学に加え、薬草と貴石の効能を教える。

Malphas
マルファス
40の軍団を率いる総裁。鴉の姿で現れ、家屋、塔、壁などを建築する。敵の思考や過去の知識、よき使い魔を授ける。

第五章　ゴエティア／その他のゴエティア

151

40 Raum
ラウム
30の軍団を率いる伯爵。鴉の姿で現れ、王の宝を盗み出し、都市や人間の評判を破壊し、一方で愛を生じさせる。

41 Focalor
フォカロル
30の軍団を率いる公爵。大鷲の翼がある男の姿で現れ、命じられれば軍船を転覆させ、人間を溺死させる。

43 Sabnoch
サブノック
50の軍団を率いる侯爵。完全武装した獅子頭の兵士の姿で現れ、塔や城を築いて武具で満たし、敵に傷を負わせる。

44 Shax
シャクス
30の軍団を率いる侯爵。鳩の姿で現れ、人間の視覚、聴覚、理解力を奪い、馬や金品を盗み、よき使い魔を授ける。

46 Bifrons
ビフロンス
60の軍団を率いる伯爵。怪物の姿で現れ、天文学、幾何学、貴石、樹木などの知識を授け、真の降霊術を行なう。

47 Vual
ヴアル
37の軍団を率いる公爵。巨大なヒトコブラクダの姿で現れ、女性からの愛を獲得させ、敵とのあいだに友情を生じる。

48 Haagenti
ハアゲンティ
33の軍団を率いる総裁。大鷲の翼がある牛の姿で現れ、金属を黄金に変え、水とワインを変換する。

49 Crocell
クロケル
48の軍団を率いる公爵。幾何学と基礎教養を授け、隠された神秘を語る。浴場を見つけ、水が押し寄せる轟音を起こす。

50 Furcas
フルカス
20の軍団を率いる騎士。青白い馬に乗って槍を手にした老人の姿で現れ、さまざまな学問を完璧に教授する。

51 Balam
バラム
40の軍団を率いる王。牡牛、牡羊、人間の頭がある。過去から未来までの真実を告げ、人間を不可視にする。

52 Alloces
アッロケス
36の軍団を率いる公爵。炎の目と獅子の頭があり、騎乗した兵士の姿で現れ、天文学と基礎教養、使い魔を授ける。

53 Camio
カミオ
30の軍団を率いる総裁。ツグミの姿で現れ、鳥獣と水の声を理解させ、未来の物事に対する最良策を教える。

54 Murmur
ムルムル
30の軍団を率いる公爵にして伯爵。ハゲ鷲に乗った戦士の姿。哲学を完璧に教え、死者の魂に質問に答えさせる。

55 Orobas
オロバス
20の軍団を率いる大公。馬のような姿で現れる。神学と世界創造について真実を授け、誘惑に負けぬようにする。

57 Ose
オセ
30の軍団を率いる総裁。豹のような姿で現れ、教養七科目を教授し、神学の真実を明かし、人間を変身させる。

58 Amy
アミュ
36の軍団を率いる総裁。炎の姿で現れ、天文学と教養七科目に精通させ、使い魔を授け、魔神の宝の在処を開示する。

Vapula
ヴァプラ
36の軍団を率いる公爵。大鷲の翼がある獅子の姿で現れ、あらゆる職能に加え、哲学や諸科学を熟達させる。

Valac
ヴァラク
30の軍団を率いる総裁。双頭の竜に乗った天使の翼がある少年の姿で現れ、財宝の在処と大蛇の居場所を教える。

Andras
アンドラス
30の軍団を率いる侯爵。狼に乗った黒いゴイサギの頭がある天使の姿で現れ、不和の種を撒き散らす。

Haures
ハウレス
36の軍団を率いる公爵。豹の姿で現れ、魔法円のなかにいれば創世と神学、堕天について語り、また敵を焼きつくす。

Andrealphus
アンドレアルフス
30の軍団を率いる侯爵。轟音とともに孔雀の姿で現れ、幾何学を完璧に教授し、そのほか、天文学、測量に精通させる。

Cimeies
キメイエス
30の軍団を率い、アフリカの魔神を統括する侯爵。文法、論理学、修辞学を教授し、財宝や失くしたものを見つける。

Decarabia
デカラビア
30の軍団を率いる侯爵。星型の姿で現れ、薬や貴石の効能を教示し、鳥のような姿の使い魔を授ける。

Seere
セエレ
26の軍団を率いる大公。どんなものでも一瞬であらゆる場所へ運ぶ。盗みと隠された宝、あらゆる物事の真実を語る。

Dantalion
ダンタリオン
36の軍団を率いる多相の公爵。あらゆる技芸と科学をすべての者に教授し、他人の虚像を自在に操り、愛情を抱かせる。

Andromalius
アンドロマリウス
36の軍団を率いる伯爵。手に大蛇を持った男の姿で現れ、盗賊から品を取り返し、悪人を罰し、財宝を見つける。

第五章 ゴエティア／その他のゴエティア

※欠番の悪魔たちについては、以下のページを参照。

01 バエル	P.72	05 マルバス	P.128
07 アモン	P.60	09 パイモン	P.130
21 モロク（モラクス）	P.76	29 アスタロト	P.64
32 アスモデウス	P.24	34 フルフル	P.132
35 マルコシアス	P.134	37 フェニックス	P.136
42 ヴェパル	P.138	45 ヴィネ	P.140
56 ゴモリー	P.142	59 オリアス	P.144
61 ザガン	P.146	67 アムドゥスィアス	P.148
68 ベリアル	P.44		

153

Devil Battle 5
悪魔バトル

怪鳥アンズーが縄張りとする山地へ足を踏み入れてしまったマルバスは、ほどなくアンズーの強襲を受ける。ただ引き下がるのも癪だと考えたマルバスは、身の程知らずな挑戦に応えることにした。陸の獅子と空の獅子の対決が今、始まる。

詳細はP.128へ！

病魔を支配する地獄の大総統
マルバス

36の軍団を従える上級悪魔で、地獄の大総統。隠されたものや秘密を暴く能力を有するほか、病魔を操って対象を疾患させたり、逆に癒すこともできる。外見に似合わず知的で思慮深い。

速さ	力	防御	生命	魔力	知能
6	6	7	6	5	7

詳細はP.90へ！

嵐や雷を操る獅子頭の怪鳥
アンズー

獅子の頭に鷲の胴という姿をしたメソポタミアの怪鳥。巨大な一対の翼を力強く羽ばたかせ、大空を自在に駆け巡る。また嵐を起こしたり、稲妻を降らせるといった芸当も得意だ。

速さ	力	防御	生命	魔力	知能
9	6	7	5	8	9

illustration:合間太郎

Round 1
不届きな侵入者に対し、
アンズーが稲妻を降らせる!

縄張りへの侵入者を察知したアンズーは素早く現地に飛来。マルバスの姿を認めると、有無を言わさず稲妻の雨を降らせ始めた。だが、マルバスは稲妻の位置を正確に予測し、ことごとく回避してのけた。

DANGER!

稲妻
アンズーの特殊能力のひとつ。稲妻だけでなく、突風や豪雨といった現象も自在に操れる。

マルバスは落雷を予測し、すべてかわした!

Marbas
LIFE 60000/60000

Anzū
LIFE 50000/50000

155

Round 2

急降下したアンズーが
肉弾戦を仕掛ける!

落雷を読まれていると悟ったアンズーは、急降下して肉弾戦に移行。突風を交えつつ、凄まじい速度でマルバスに接近すると、鋭い鉤爪を一閃させた。胸を切り裂いた返り血に塗れ、勝利の咆哮を上げるアンズー。対してマルバスは、堪らず苦悶の叫びを漏らす。

アンズーの一撃がクリーンヒット!

DANGER!

鉤爪

猛禽類のそれに酷似したアンズーの鉤爪。その一撃は、鋼鉄をも引き裂く鋭さを誇る。

Anzū

Anzū

156　LIFE 32000/60000

LIFE 48000/50000

Round 3
マルバスの仕掛けた罠が
アンズーを弱らせる！

一旦距離を取り、完全なるトドメを刺そうと構えるアンズー。だが、急激に体の自由が効かなくなっていくことに気づく。マルバスの返り血に含まれていた病魔が早くも効果を表し、アンズーの体を蝕んでいるのだ。やがて衰弱しきって地に落ちたアンズーは、無抵抗のままマルバスの攻撃を受けるしかなかった。

DANGER!

病魔
病魔で相手の体調をコントロールするのがマルバスの得意技だ。より確実に効果を及ぼすよう、この戦いでは自らの血を触媒としている。

肉を切らせて骨を断つ
マルバスの作戦が的中！

マルバスの勝利！！

悪魔を使役したというソロモン王とは?

古代イスラエル王国の最盛期を築いた賢者

　ソロモン王とは、旧約聖書『列王記』に登場する古代イスラエル王国（紀元前11世紀～8世紀頃に繁栄）の王。同書によると、古代イスラエル王国の2代目の王ダビデの子として生まれたソロモンは、王位を狙う兄などを倒して3代王となり、古代エジプト王国のファラオの娘を娶った。そして、ギブオンの町で神に祈りを捧げ、夢の中に現れた神に願って「英知」を授かった。ソロモン王はこの英知によって国内を発展させ、近隣諸国とも良好な外交関係を結んで、王国の最盛期を築いた。

　「知恵者」だったことを示す有名なエピソードに、次のようなものがある。あるとき、ふたりの遊女がひとりの子どもを連れてソロモン王のもとを訪れ、どちらも「自分の子どもだ」と主張した。そこでソロモン王は、刀で子どもをふたつに切り分けるよう命じる。すると、遊女のひとりは相手に子どもを渡すことを望み、もうひとりは分けることを望んだ。双方の言い分を聞いたソロモン王は、子どもの命を案じた遊女こそが母親だと判断した。

指輪の力で悪魔を従え最初のエルサレム神殿を建設

　ソロモン王には優れた為政者という一面のほかに、数々の悪魔を使役した伝説的な魔術師という一面もある。旧約聖書の偽典のひとつ『ソロモンの遺訓（聖約）』によると、エルサレム神殿を建築していた際、大工の息子にオルニアースという悪魔が取り憑いた。そこでソロモン王が神に祈ると、現れた大天使ミカエルから悪魔を従える力がある指輪を授かった。ソロモン王はこの指輪を用いて、オルニアースをはじめ、ベエルゼブゥル（ベルゼブブ）やアスモダイオス（アスモデウス）など、数々の悪魔を従え、エルサレム神殿建築のために使役した。

　このほかにも、ソロモン王の魔術について記された書物はいくつか存在しているが、とくに有名なものをあげるなら『レメゲトン』になるだろう。別名『ソロモンの小さな鍵』ともよばれる魔術書で、17世紀頃にヨーロッパで成立した。全5部からなり、ソロモン王が使役したという個性豊かな72柱の悪魔ゴエティアやその他の精霊たちに関する情報、使役の方法などについて記述されている。

イタリアの画家ルカ・ジョルダーノによる『ソロモンの夢』。祭祀を行なった晩、夢に現れた神に善悪を判断する知恵を求め、ソロモン王は英知を授かった。

聖書のカードイラストに描かれた、最初のエルサレム神殿の建設計画を立てるソロモン王。ここで悪魔を使役したと伝わる。

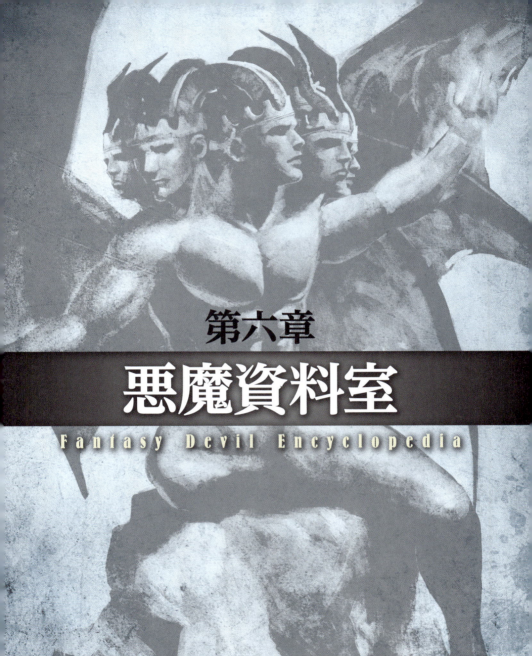

第六章
悪魔資料室
Fantasy Devil Encyclopedia

悪魔誕生と一神教・多神教の悪魔観

悪魔が誕生するに至る流れ

善でも悪でもない精霊たちへの信仰

　宗教の定義は学者たちのあいだでも統一されていないが、大雑把にいえば神仏や霊などの超越的な存在を認めた観念だ。もっとも古い原始的宗教形態としては、天空や星々、大地、気象現象、森林、動物などを対象とした自然崇拝や、万物に精霊が宿っているというアニミズム（精霊信仰）がある。自然や精霊には人間が考えるような善悪がなく、豊作のような恵みをもたらすこともあれば、大地震や台風、火山噴火といった自然災害のように悪い影響を及ぼすこともある。これらの前には現代人でさえ翻弄されるしかなく、科学文明が未発達な古代においてはなおさらだ。そこで、人間は怒りを買わぬようタブーを定め、良いことが起きれば感謝の意を表すため、悪いことが起きればこれを鎮める目的で、さまざまな祭祀を行なってきたのだ。

　"怒りを買う"と述べたように、これらには人格が付与されている。古代人は身の周りで起きる良いこと、悪いことを自然や精霊の意志だと受け取ったわけで、さらに神格化が進んで誕生したのが多神教と考えていいだろう。日本でも馴染がある多神教としてはギリシア神話があるが、神々は人間に恩恵をもたらす一方で、些細なことからひどい目に遭わせたりもする。人間臭いうえに非常に気まぐれな神々の性格も、もともと善でも悪でもない諸現象の擬人化だからと考えれば納得だ。

パズズの頭を模した御守り

パズズは風を神格化した悪霊。病をもたらすとして恐れられる一方、ほかの精霊を追い払うとされて崇拝された存在で、精霊信仰に通じるものがある。

主神と対立する悪魔的な悪神

　多神教の神話には、しばしば主要な神々に敵対する存在が登場する。ギリシア神話のティーターン神族やインド神話のアスラ族、メソポタミア神話のティアマト、ケルト神話のバロールなどが代表的だ。これらは戦いに敗れた異民族の神や、信仰が廃れた神である場合が多く、一般的に悪神とされている。インドのアスラやメソポタミアのティアマトなどは悪魔に数えられるが、それでも絶対的な悪というわけではなく、この点で一神教の悪魔"Devil"とは違う。

　ただし、ギリシア神話のテューポーンやエジプト神話のアペプなどは別格。日本では悪魔ではなく怪物やドラゴンの類として

扱われるが、キリスト教圏でのドラゴンは悪魔の化身なので、これらは Devil になる。とはいえ、それも後年のキリスト教的解釈で、当時のギリシア人やエジプト人が絶対悪としたわけではない。先述のように多神教の神々は人間に恵みだけを与えるわけではないので、絶対的な悪の存在は必要なかったのだろう。多神教が生まれたのちも、悪い精霊や悪霊の存在は信じられており、人間にとってはこちらのほうがより悪魔に近い存在だったといえる。

絶対的な"悪"を生んだゾロアスター教

多神教にも悪魔的な存在がいたが、まだ絶対悪としての悪魔は登場していない。それを生み出したのが、イランで発生したゾロアスター教だ。教祖ザラシュストラが神の啓示を受けて創始した宗教で、唯一の真理である最高神アフラ＝マズダーと、その分神たる６大天使への崇拝を義務とする。創世神話では、世界の始まりにはアフラ＝マズダーとアンラ＝マンユがあり、善を選んだアフラ＝マズダーが善きものを、悪を選んだアンラ＝マンユが悪しきものを創造したとされる。そして、アンラ＝マンユと彼が大天使に対抗すべく生んだ存在が、絶対悪としての最初の悪魔なのだ。また現世は善と悪の戦場と定義され、世界の終末に起こる最終決戦で善が勝利するという終末論もある。このとき人間は善と悪のどちらを選んだかを調べられ、善き者は生まれ変わって最高神とともに生きる。ゆえに人間は最高神を崇拝し、悪魔の誘惑に打ち克って正しく生きよというのが教義だ。善と悪に二分した世界観と人々に道徳的生き方を説いた点が非常に画期的で、唯一神や悪魔、終末論などは、ユダヤ教やキリスト教、イスラム教などにも採り入れられた。

悪魔にされた異教の神々と投げ落とされた天使たち

のちにゾロアスター教は衰退したが、悪魔はその概念を採り入れたキリスト教で存在感を見せる。キリスト教はユダヤ教から派生した宗教で、ユダヤ人向けに誕生したユダヤ教とは違い、イエスの言葉を根拠に積極的な布教が推奨された。ただ、ここで問題なのが土着の神々。多神教なら従属神として取り込めるが、一神教のキリスト教ではそうもいかず、悪魔とみなされることになった。しかし、全能の神がすべてを創造したとされているので、そのままでは神が悪魔を創ったことになる。そこで登場したのが、神に創られたにもかかわらず、反逆して追放された堕天使たち。彼らが悪魔であれば神が悪魔を創ったことにはならず、創造神話とも矛盾しない。かくして多くの異教の神々だけでなく、妖怪や妖精までもが悪魔にされていったのだ。

追放を宣告されるルシファー

キリスト教が悪魔の正体を堕天使としたのは、創世神話と矛盾することなく、神が悪魔を創ったわけではないことを証明するためだったといえる。

一神教における悪魔観

神と御使い以外の超自然的存在はみな悪魔

　キリスト教をはじめとする一神教では唯一神が絶対的存在で、ほかの神や権威の存在は認めていない。神と御使い以外の超自然的な存在はすべて悪魔になるが、各宗教での扱いに差異がある。旧約聖書におけるサタンの場合、『ヨブ記』では神の指示による試練を与えてヨブの信仰心を試し、『歴代志』ではダビデへの使者を務めた。旧約聖書はユダヤ教の聖典なので、ユダヤ教でのサタンは神の道具だったわけだ。これが変化し始めたのは、のちに誕生したキリスト教がローマ帝国の国教になってから。異教の神がサタンと結び付けられるようになり、サタン自体も神の道具から神の敵へと変化する。旧約聖書の『イザヤ書』をもとにルシファーが堕天使とされ、サタンと結び付けられ始めたのも同じころだし、『創世記』でイヴを誘惑した蛇がサタンと同一視されるのもキリスト教の解釈だ。こうした変化は、帝国領の拡大で異教の神との接触機会が増え、聖書との整合性をとる必要が生じたためなのかもしれない。

時代とともに悪魔の力が強大に

　キリスト教はヨーロッパに広く浸透したが、人種や地域本来の文化、風習の差異などからさまざまな問題があった。中世はキリスト教の過渡期で、ローマ・カトリック教会と正教会の分裂やカタリ派をはじめとする異端への弾圧、世俗権力との衝突、聖職者の堕落などが発生。危機感から、カトリック教会では異端審問が始まった。一方、一般社会では、14世紀半ばにペストの大流行で3割以上もの人々が死亡し、たびたび飢饉も重なって人口が減少した。社会構造が変化を迫られるなか、15世紀からはオスマン帝国の脅威などもあって、社会不安が増していく。諸問題について、教会は悪魔の力が増大したと説明するしかなく、人々が不安のはけ口を求めた背景もあり、悪魔と結託した魔女という概念が登場する。

　16世紀半ばには宗教改革によってプロテスタントが公認されるが、以後17世紀にかけては魔女狩りの最盛期。当時は教会関係者による悪魔学が盛んになり、これと前後してさまざまなグリモワールもつくられた。中世末期は、キリスト教圏でもっとも悪魔が跋扈した時代だったのだ。

ユダヤ・キリスト教とはやや異なるイスラム教の悪魔

　アラブでは古くからジンの存在が信じられており、イスラム教もその存在を否定せず、神が火から創ったとされている。ジンにも人間と同様ムスリムとそうでない者がおり、非ムスリムのジンを統率するのがイブリース。よってイスラム教における悪魔は非ムスリムのジンになるが、キリスト教とは違って神の敵というわけではない。

神に逆らうイブリース

古典的にイブリースはユダヤ・キリスト教のルシファーに相当する存在。一般的にも堕天使として扱われるが、現代のイスラム教ではジンであるという見方が強い。

多神教における悪魔観

多神教での悪魔は立場的なもの

　多神教には悪神とされる存在はいるが、大抵は「主要な神に敵対するから」という相対的なもの。インド神話のアスラはその代表で、悪魔として基本的には神々に対立する存在だが、徳を備え神に帰依する者もいて絶対的な悪ではない。人間にとっての善悪でいうと多神教は主要な神ですら中立で、一神教における唯一神と悪魔の要素をともに内包している。そもそも善悪は表裏一体。多神教の世界には絶対的な善がいないので、絶対的な悪もまた存在しないのだ。

悪神・悪霊のほか悪い精霊妖怪などが悪魔的

　すでに述べたように、人間は古くから悪い精霊や悪霊といった存在を信じていた。多神教の地域ではこうした存在が根絶されずに残ることも多く、例えばメソポタミアのパズズは神が登場したのちも人々に恐れられた。絶対的な悪ではない神話の神に比べれば、人間に病気などの害を直接及ぼす悪い精霊、悪霊のほうが、より悪魔に近い存在なのだ。また、一神教が広まった地域のなかにも精霊や悪霊が残ったケースがある。例えばカトリックではなく正教会の影響が強かったロシアなどでは、キリスト教的な悪魔が入り込んでなお、妖怪たちが語り継がれた。畑に現れるポールドニツァ、森に棲むレーシー、水の妖怪ヴォジャノイなどは悪魔的な存在だが、キリスト教の悪魔とは同化せずにその名をとどめている。

日本における悪魔的存在は？

　日本には仏教が伝わったので、直接的には悪魔＝仏教の魔羅となる。また古くからいる妖怪のうち、災いをもたらす存在を悪魔と呼ぶこともあるが、善い妖怪もいるので妖怪＝悪魔ではない。日本の場合、「悪魔」という言葉は特定の存在を指すのではなく、比喩的に使うことが多いと感じられる。もともと外来のものでもあり、日本には真に該当するものがないのかもしれない。ちなみに水木しげるの漫画に『悪魔くん』があり、ソロモンの笛で悪魔や妖怪を操る。

第六章　悪魔資料室―悪魔誕生と一神教・多神教の悪魔観

森や川辺に棲むルサールカ
おもに水と結び付けられた精霊と幽霊の中間のような存在。正教会は土着信仰に対して寛容だったのか、こうした超自然の存在が数多く生き残ることになった。

通り悪魔

ぼんやりした者に取り憑き、発狂させたりする妖怪の一種。日本では災いをもたらす物の怪などを、大まかに悪魔と呼ぶことがある。

悪魔が潜伏する世界

世界各地の神話・伝承

　世界各地に存在し、現代まで語り継がれてきたさまざまな神話・伝承。これは世の成り立ちや文明の移り変わりなどを記した壮大な物語で、作中には多数の悪魔あるいは悪魔じみた怪物が登場する。また、その神話には神として登場するにもかかわらず、他宗教に取り込まれるなどして悪魔化したものも少なくない。ここでは神話・伝承の内容とともに、物語に登場する悪魔や悪魔化した神々について簡単に解説していこう。

【 イラン神話 】

　イランやその周辺に伝わる神話で、ペルシア神話とも呼ばれる。のちに創生されたゾロアスター教の神話や、イランの英雄譚もこれに含まれる。アンラ＝マンユや、その配下の悪魔、現代ではドラゴンとしても扱われるアジ・ダハーカなどが登場する。それぞれの詳細については、ゾロアスター教の聖典『アヴェスター』のほか、関連文献である『デーンカルド』や『ブンダヒシュン』、イラン最大の叙事詩『王書（シャー・ナーメ）』などに記されている。インドと神と悪魔の関係が逆転しているのが興味深い。

『王書』の挿絵。イラン神話の英雄ロスタムを海に投げ入れようとするダエーワ（悪魔・悪神）。

【 シリア地方の神話 】

　地中海東岸の周辺都市で語り継がれてきた神話。ウガリット、フェニキア、カナン神話など呼び名はいくつかあるが、内容はほとんど変わらない。アスタルテ、バアル、ダゴンなどの神々が登場するが、いずれもユダヤ、キリスト教に取り込まれたことで現代では悪魔として扱われている。なかでもバアルは、さまざまな悪魔の名前の構成要素にもなっている。また、フェニキア人が支配する都市カルタゴではモロクという神が信仰されていたが、ほかの神と同様に悪魔にされてしまう。

ユダヤ／キリスト教により、邪悪な神とされたウガリット神話の神バアル・ゼブル。この神がベルゼブブの原型となっている。

第六章 悪魔資料室――悪魔が潜伏する世界

【 アッシリア・バビロニア神話 】

メソポタミア文明で最古の都市シュメールの神話をもとに、アッカドやアッシリア・バビロニアその他の伝承が生まれた。どれも同じ神話を起源とするため、共通点は多い。例えばシュメールの主神イナンナは、イシュタルと名を変えてバビロニアにも登場し、カナンのアスタルテ、ギリシアのアフロディーテとなった。関連の深い悪魔としては、アドラメレクやニスロク、アンズーなどが該当する。

アンズーと戦うニヌルタ

バビロニアやアッシリアで崇拝された豊穣と戦いの神ニヌルタが、怪鳥アンズーを退治する様子が描かれている。

【 インド神話 】

バラモン教やヒンドゥー教の世界観を現したインドに伝わる神話体系。時代ごとに内容が異なり、おもにヴェーダ神話、ブラーフマナ・ウパニシャッド神話、叙事詩系神話の3つに大別される。これらの神話の核となっているのが、ヴェーダやプラーナと呼ばれる膨大な宗教文書と、『マハーバーラタ』や『ラーマーヤナ』などの叙事詩だ。このなかにはマーラやヒラニヤカシプ、ラーヴァナといった悪魔・魔神が登場する。仏教はこの世界観を引き継いでいる。

ヴィシュヌとヒラニヤークシャ

アスラ族であるヒラニヤカシプの弟ヒラニヤークシャ（左）は、イノシシに化けたヒンドゥー教の主神ヴィシュヌ（右）に挑むが返り討ちにされる。

【 ギリシア神話 】

古代ギリシアで作られた複数の物語で構成される神話。大きく天地創造の物語、神々の物語、英雄たちの物語の3つに分類される。テューポーンやエキドナなど、悪魔とみなされるさまざまな怪物のほか、中世以降の悪魔の外見に影響を与えた牧羊神パーンが登場する。この神はシルエットこそ人間に近いものの、頭には山羊の角が生えており、下半身も四足獣のようだった。悪魔に山羊の角が生えているのは、パーンが邪悪な神＝悪魔と考えられたためだ。

牧羊神パーン

イギリスの芸術家ウォルター・クレインが描いたパーン。古代ギリシアに存在したオルペウス教の創世神話に登場する原初神とも同一視されている。

165

【 エジプト神話 】

　古代エジプトの諸都市で生み出された神話をまとめたもの。蛇の姿で生まれた創造神アトゥムをはじめ、動物そのものだったり、動物と人間を足したような姿をした神が多く、悪魔と同一視されたものも少なくない。太陽神ラーとアメンが習合したアメン＝ラーは、『ゴエティア』の悪魔アモンの起源といわれている。また、アペプなどの怪物も悪魔として扱われることが多い。

『フネフェルのパピルス』

古代エジプトの書記官フネフェルのために作られた『死者の書』。死者を裁くのはオシリス。

【 北欧神話 】

　スカンジナビア半島の国々で語り継がれてきた神話。主神オーディンは魔術に長け、キリスト教に取り込まれたことで魂を狩る悪魔の首領とみなされるようになった。例えばソロモン72柱の魔神オセと同一視するものもいる。また、オーディンの義兄弟でもあるロキは、悪戯好きな性格や光の神バルドルを殺したことから悪神とされ、現代では悪魔として扱われることもある。

写本に描かれたオーディン

オーディンは知識に対して非常に貪欲で、フギン、ムニンという2羽のワタリガラスを飛ばし、さまざまな情報を集めていた。

【 ポポル・ヴフ 】

　中央アメリカ・グアテマラシティの北西にあるグアテマラ高地に住んでいたキチェ族の神話。マヤの創世神話や双子の英雄フンアフプーとイシュバランケーの活躍、キチェ族の年代記などが含まれる。神話の舞台のひとつである冥界シバルバーには、さまざまな悪魔や邪神が登場。また、双子の英雄の逸話には、悪魔として扱われるヴクブ・カキシュなどの巨人が登場している。

【 スラヴの伝承 】

　東ヨーロッパやロシアなどのスラヴ圏には、自然と結びついた超自然的存在に加え、チョートルやディヤーヴォルといった悪魔たちがいる。口承だったために失われたものも多いが、それでも残されている伝承は少なくなく、日本の妖怪にも通じるところがあって意外にも親しさすら感じられる。

キキーモラ

滅多に姿は見せないものの、音を立てたり物を動かしたりして住人を追い出そうとするキキーモラ。家をギシギシ鳴らす日本妖怪、家鳴りに似た存在だ。

【 その他の神話や伝承 】

　アフリカや東南アジア、オセアニアなど、まだ世界各地にはさまざまな神話や伝承が存在する。宗教でいえば、今回はあまり触れていない仏教や密教、日本では馴染が薄いジャイナ教、シク教などもある。民間伝承であれば、同じ国内でも部族ごとに違う逸話があったりもする。世界には、まだ未知の悪魔が潜んでいるのだ。

書物・叙事詩

旧約聖書や『アヴェスター』など、悪魔が登場する書物・叙事詩は多々あり、現代に伝わる悪魔像はそういった文献から得られる情報がベースとなっている。とくに『ゴエティア』などのグリモワール（魔術書）は、魔術や天使・悪魔の専門書なので情報量も豊富だ。ここで紹介する書物・叙事詩のなかには、日本語訳されたものもあるので、悪魔についてより詳しく知りたいときは目を通してみるといい。

【旧約聖書】

ユダヤ、キリスト教の聖典で、創世神話やイスラエル民族の歴史などが記されている。教派によって具体的な数は異なるが、複数の書物（約40〜50冊）で構成されており、それぞれが法律、歴史書、詩歌書、預言書のいずれかに分類される。『イザヤ書』のルシファーや『列王記』のベルゼブブら悪魔に加え、レヴィヤタンといった怪物も登場する。

三大預言書『イザヤ書』

旧約聖書の一書で、預言者イザヤが記した。リリスやアッシリアの神ニスロクなどが登場する。なお、現在の旧約聖書に収められているものを「正典」、過去に収められていて今は外されているものを「外典」、最初から収められなかったものを「偽典」と呼んで区別する。

【新約聖書】

旧約聖書とともにキリスト教の聖典とされる書。ユダヤ教では聖書として認められていない。1〜2世紀にキリスト教徒たちによって書かれたといわれている。旧約聖書と同様に、こちらも複数の書物や書簡で構成される。世界の行く末と人類を救う計画が記されており、終盤の『ヨハネの黙示録』にはアバドンや黙示録の竜と獣などが登場する。

【トーラー】

旧約聖書に含まれるモーセ五書（『創世記』『出エジプト記』『レビ記』『民数記』『申命記』）のこと。ユダヤ教ではこれらの書をまとめてトーラーと呼ぶ。イスラム教ではタウラートと呼ばれ、啓典のひとつに数えられている。登場する悪魔は少なく、強いていうなら『創世記』の蛇たるサタンのほか、『レビ記』のアザゼルやモロクなどだろうか。

【クルアーン】

『クルアーン』はイスラム教の聖典で、唯一絶対の神アッラーからイスラム教の開祖にして預言者であるムハンマドに下された啓示をまとめたもの。日本では『コーラン』とも呼ばれる。全114章で構成されており、イスラム教における悪魔の王イブリースや、悪魔と同一視されることもあるジン（精霊）およびその上位種であるイフリートなどが登場する。

ペルシア語版『大タフスィール』

『クルアーン』本文の訳は直訳に近く、その訳に対して注釈がつけられる。これをタフスィールという。写真は18世紀頃の注釈書の写本。

第六章　悪魔資料室──悪魔が潜伏する世界

167

【 アヴェスター 】

　イランで創設されたゾロアスター教の経典。祭儀書ヤスナ、祭儀補遺ウィスプ・ラト、祓魔書ウィーデーウ・ダート、神々讃歌ヤシュト、簡易祈祷書ホゥワルタク・アパスタークの5部で構成されている。アンラ＝マンユやその被造物であるジャヒー、ドゥルジら配下の悪魔たちが登場する。

『アヴェスター』

本書は3世紀ごろに誕生したアヴェスター文字で書かれている。他宗教からの迫害を受けて散逸したため、その文書はあまり残っていないそうだ。

【 ディーヴィー・マーハートミャ 】

　ヒンドゥー教の神話・伝承をはじめ、さまざまな事柄についてまとめた文献をプラーナ文献と呼ぶ。『ディーヴィー・マーハートミャ』もそのひとつで、全13章からなり、3つのエピソードに大別される。ヒンドゥー教の主神ドゥルガーとマヒシャースラの戦いなどが記されている。後半のエピソードにはラクタヴィージャなども登場する。

ドゥルガーとマヒシャースラ

アスラ族の長マヒシャースラ（右）と戦う女神ドゥルガー（左）。アスラ族はもとは神族だったが、のちに魔族とみられるようになった。

【 バーガヴァタ・プラーナ 】

　プラーナ文献と呼ばれるヒンドゥー教の聖典のひとつ。物語を読み進むだけで自然と教義を理解できるよう作られているのが特徴だ。ヴィシュヌ神の化身であるクリシュナが活躍する中盤以降に、ヒラニヤカシプやアガースラ、バーナースラといったアスラたちが登場する。

ヒラニヤカシプの最期

ヴィシュヌの化身ナラシンハ（獅子人）に倒されたヒラニヤカシプ。これまでで紹介した以外にも、聖典には数多くのアスラたちが登場する。

【 ラーマーヤナ 】

　『マハーバーラタ』とあわせてインド二大叙事詩に数えられるヒンドゥー教の聖典のひとつ。ヴィシュヌの化身たるラーマ王子の誕生と成長、ジャナカ王の娘シーターとの結婚、そしてラークシャサ族の王ラーヴァナとの戦いが描かれる。この戦いではラーヴァナの息子であるインドラジットや、弟のクンバカルナも登場する。

ラークシャサ族の王ラーヴァナ

神々と敵対していたラーヴァナ。神々から助力を求められたヴィシュヌはラーマに転生し、ラーヴァナに戦いを挑んで見事勝利する。

【 教皇ホノリウスの書 】

　テーベのホノリウスなる謎の人物が13世紀ごろに書いたという魔術書。本書の序文には、811人の魔術師が会議を開き、その知識を1冊にまとめるようホノリウスに依頼したとある。また、魔術師たちは書の内容が漏れないように、「所有者は生涯女性と結婚してはならない」などの約束事を設けた。これが「誓いの書」と呼ばれる由縁である。

教皇ホノリウスの奥義書

ローマ教皇ホノリウス3世が記したとされる魔術書。魔術を弾圧した教皇に対する報復として、魔術師たちが教皇の名で作ったという説がある。

【 ソロモンの鍵 】

　ソロモン王に仮託された魔術書。ラテン語版やイタリア語版など、いくつか種類がある。作者は不明だが、原典は15世紀ごろに書かれたギリシア語版らしい。降霊術を行う際に必要となる魔法円や魔術道具の作り方などが記されている。また、マグレガー・メイザースの『ソロモンの大いなる鍵』は、本書の写本を再構築したものである。

【 アブラメリンの書 】

　14～15世紀にドイツに住んでいたという魔術師アブラハムが書いた魔術書。修行を兼ねて各地を旅していたアブラハムは、エジプトでアブラメリンという賢者と出会い、さまざまな秘術を学ぶ。それをまとめたのがこの書であり、ルシファーやベリアルなどの天使あるいは悪魔を召喚して願いを叶える方法が記されている。

【 ゴエティア 】

　天使や悪魔、魔術のあれこれが記された『レメゲトン』。5冊の書で構成されており、そのうちの1冊が『ゴエティア』である。このなかにはソロモン王が使役した72柱の魔神と、それらを召喚して使役する方法、さらには召喚するために必要なものなどが記されている。

魔法円と三角形

『ゴエティア』には魔神それぞれの名前、地位、能力、召喚方法のほか、具体的な召喚の手順、召喚に使う魔法円の図形などが載っている。

【 ガルドラボーク 】

　アイスランドに伝わる呪術書。タイトルは「呪歌の書」という意味。著者は判明していないが、16～17世紀ごろに複数の人物の手で編纂されたと考えられている。動物を殺したり、女性を魅了するなど、ルーン文字を用いた多種多様なまじないに加え、呪術的なアイテムの使い方などが載っている。

【 その他の書物 】

　魔術書としてはラテン語の『悪魔の偽王国』（ヨハン・ヴァイヤーの『悪魔による眩惑について』の補遺として収録）も重要。レジナルド・スコットの『魔女術の開示』は、その英訳を含んでいる。アグリッパの『隠秘哲学』も押さえておきたい。コラン・ド・プランシーの『地獄の辞典』は、おもに西洋の悪魔を総ざらえした便覧である。

第六章　悪魔資料室―悪魔が潜伏する世界

文学作品と登場する悪魔

キリスト教文学作品の影響と歴史背景

人々の悪魔像に多大な影響を与えた文学作品

"キリスト教文学"というジャンルがある。聖書に記された物語をはじめ、天国や地獄、天使と悪魔といったキリスト教の世界観を題材にした作品群だ。なかでもダンテ・アリギエーリの『神曲』やジョン・ミルトンの『失楽園』、ジョン・バニヤンの『天路歴程』などは世界的に有名で、日本でもよく知られている。こうした作品は人々が聖書世界を思い描いたり、教義の解釈や信仰を実践するうえでの一助となり、そこに描かれた悪魔たちの姿は人々の悪魔像に大きな影響を与えた。

ただ、こうした代表的な作品は 17 世紀以降に登場したもので、その先駆けとされる『神曲』でも 1300 年代の作品だ。もちろん、それ以前に作品がなかったわけではない。4 世紀末には正統な信仰の確立に尽力したアウグスティヌスが『告白』を発表し、5 世紀初頭にキリスト教世界で重要視される『神の国』を記している。しかし、彼の読者は教会関係者で、一般民衆に向けたものではない。当時の書物は高価な贅沢品だったし、そもそも聖職者や一部の支配階級を除けば読み書きをできる者はごくわずかだった。庶民は聖書すら所持しておらず、ゆえに説教を聞くため教会に通ったのだ。教会のステンドグラスに聖人や聖書の物語が描かれているのも、文字が読めない民衆に聖書の内容を視覚的に伝えるためだった。

聖書世界についての情報源は限定的だったわけで、さまざまな文学作品が登場する以前、民衆が想像する悪魔の姿は地域ごとにかなり違っていたと思われる。

17 世紀以降にキリスト教文学作品が増える背景

ローマ教皇の権力は 11 ～ 13 世紀に絶頂期を迎えたが、世俗化による堕落した教皇の登場、世俗権力との衝突などで権威が揺らぎ、15 世紀初頭からの宗教改革を迎える。一部の国ではすでに製紙業が始まっており、15 世紀半ばには活版印刷が実用化。プロテスタントによるドイツ語や英語の翻訳聖書が普及し始め、カトリック教会にとって打撃となった。ローマ帝国盛期に広く普及したラテン語も、当時は各地で変質していた。一方、カトリック教会での公用語と公式聖書はラテン語のままだったので、聖職者と一部の貴族以外に聖書を読める者がいなくなった。この聖書の独占状態は教会権威の支柱のひとつでもあったが、翻訳聖書の登場でこれが崩れてしまったのだ。こうした状況は、それまで教会の教説を妄信していた個人が、聖書の内容について自身の頭で考える余地を生んだ。これによってカトリックとプロスタントの衝突から三十年戦争が勃発している。旧来の精神的枠が外れたこと自体は単純によしとはできないかもしれないが、個人の思想がやや自由になったことが、17 世紀以降のキリスト教文学作品を生む土壌になったといえる。

『神曲』

著者：ダンテ・アリギエーリ
発表：1307～1321年

世界的にも屈指の文学作品とされている名著

イタリアの詩人ダンテ・アリギエーリによる長編叙事詩。「地獄篇」、「煉獄篇」、「天国篇」の3部で構成され、ダンテの晩年となる1307年から1321年にかけて制作された。主人公は作者のダンテ自身で、1300年の復活祭に地獄、煉獄、天国を旅して神に出会うまでの道程が描かれている。本作は西欧文学においては古典中の古典とされ、「キリスト教的な世界観で全宇宙を精緻に描き上げた」との評価から、キリスト教文学の最高峰に位置付けられている。

ダンテについて述べておくと、彼はイタリア中部の都市国家フィレンツェ共和国の人物。27歳の頃に詩人として名声を得て、のちに政治家として活動し、1300年には統領となった。しかし、当時の国内は職人や農民を中心とする白派と、都市貴族や大商人を中心とする黒派に分かれて争っており、ダンテは1301年の政変以後、亡命生活を余儀なくされた。その晩年に書かれたのが本作で、作中の登場人物などにはこうしたダンテの経歴が反映されている。

ジョヴァンニ・ディ・パオロによる挿絵でのマレブランケ。作中でダンテが怖がった悪魔たちだが、ラッパを尻で吹き鳴らすといったコミカルな面も見せた。

罪人を苛むマレブランケや大罪人を咥えたルシファーが登場

「地獄篇」で描かれた地獄はルシファーが落下した場所で、9層に分かれたすり鉢状になっている。第1層にはキリスト教誕生以前の死者がおり、第2層から肉欲、飽食、貪欲と浪費、怒りと怠惰、異端、暴力、偽善以下10の罪、裏切りと、各罪を犯した者が割り振られ、下層のものほど罪が重い。罪人のほかにも奇怪な存在がおり、とくに第8層の12名の悪魔マレブランケ（意味は悪の爪）が有名だ。手にした刺股で罪人たちを煮えた瀝青へ沈める彼らは、仏教の地獄の鬼に通じるものがある。また最下層には下半身を氷漬けにされた巨大なルシファーがおり、3つある顔の左右がカエサルを裏切ったブルートゥスとカッシウスを、正面の顔がイエスを裏切ったユダを、それぞれ噛み続けている。この姿は衝撃的で、多くの画家によって作品の題材にされている。

なお、罪人のなかにダンテの政敵も登場しており、厳しい評価が下されていることから、本作はダンテの鬱憤晴らしと見られることもある。しかし、彼が表現したかったのは「神が創り見守るこの世界で、なぜ罪なき者や正しい者が苦しむのか」という問いであり、自身を投影した主人公の旅を通じての回答だったので、やむを得ない部分でもある。

ルシファーの挿絵。裏切りが一番重い罪なのは、聖書で主が忌み嫌うとする7つのなかに「偽り」と「兄弟のうちに争いを起こす者」があるからだろうか。

第六章　悪魔資料室｜文学作品と登場する悪魔

『失楽園』

著者：ジョン・ミルトン
発表：1667年

作者の体験が源泉となった
キリスト教文学の傑作

　旧約聖書の「創世記」を題材とした、イギリスの詩人ジョン・ミルトンによる長編叙事詩。イギリス文学史ではもっとも偉大な作品のひとつとされ、作者のミルトンも劇作家ウィリアム・シェイクスピアに次ぐ地位を与えられている。

　ミルトンは1608年にロンドンで生まれた。早くから詩人の道を志し、21歳で『キリスト降誕の朝にあたりて』を発表して以来、精力的に作品を世に送り出した。のちの旅行では地動説を唱えたガリレオ・ガリレイと会い、これが『失楽園』の宇宙観に大きく影響している。その後、清教徒革命で共和制が成立すると、ミルトンは新政府の外国語秘書官となった。激務による過労から失明しつつも、新たなイギリスのために尽力したが、のちに国内は王政復古に傾いて事実上革命は失敗に終わった。この直後、ミルトンが口述筆記で制作を始めたのが『失楽園』だった。革命の挫折で失意を感じつつも、将来の祖国への希望は捨てておらず、これらが本作を傑作へと押し上げる力になった。

人間のように苦悩しつつ
神に反逆し続けるサタン

　『失楽園』は、神に反逆したサタンと堕天使たちが天界を追われ、そのサタンに騙されたアダムとイヴが楽園を去るまでを描いている。サタンの反逆は、神が意志の実行者たる御子に従うよう、天使たちに命じたのがきっかけ。サタンは誇りを傷つけられ、その怒りから反逆を決意。半ば騙して味方にした天使たちを率いて神の軍と戦い、地獄に落とされてなお、アダムたちの堕落を画策する。神への敬愛は消えていないが、自身の誇りと仲間への立場が退くことを許さない。苦悩しながら反逆し続けるサタンの姿は非常に人間的で、読者は共感を覚えた。ちなみに天界でのサタンの領地は北にあり、『イザヤ書』14章の影響と思われる。つまりサタンはルシファーというわけだ。作中には一部の堕天使たちの来歴も記されており、当時の悪魔観の一端が垣間見える。

禁断の実を口にするアダムとイヴ。ミルトンにとって革命の挫折は"新たなイギリス"という新天地、楽園の喪失であり、その経験が『失楽園』を生んだのだ。

地獄の王座で演説するサタン。神のもとに残った天使はあまり感情を表さないが、サタンは場面ごとの感情が明確。これが読者をひきつけるゆえんだ。

『天路歴程』

著者：ジョン・バニヤン
発表：1678年

プロテスタントのあいだでは非常に有名な宗教物語

　イギリスの教役者ジョン・バニヤンによる寓意物語で、プロテスタントの世界では「聖書を除けば世界でもっとも多く読まれている」といわれるほど有名な作品。バニヤンが夢で目にした光景という形で、信仰に目覚めた主人公の基督者（クリスチャン）が住んでいた破滅の街を出発し、天の都（天国）へ辿り着くまでの旅路が描かれている。基督者の旅は人生を表しており、さまざまな困難を乗り越えて旅をする基督者を通じ、信仰を貫く難しさと、バニヤンが考える理想的な信徒の姿が提示された。

　バニヤンは非常に感受性が強く、幼いころから宗教的恐怖に悩まされていた。のちに何度か命の危機も経験し、宗教感情を強めていく。実家が貧しく教育は不十分だったが、のちにバプテスト教会に入信して説教を始めると、宗教体験に基づく彼の言葉は聴衆の心を掴んだ。その後、王政復古で国教会の牧師以外の説教が禁止になるとバニヤンは逮捕され、放免されては説教をしてまた逮捕されるという経緯を繰り返す。この間、バニヤンは囚人たちの牧師を務めるかたわら執筆活動にいそしみ、そこで得た着想をもとに制作したのが本作だった。

主人公の旅路を妨害する悪魔や堕落した人々

　基督者が進む道にはさまざまな障害があり、ときには悪魔も登場する。最初の目的地は小さなくぐり門だが、付近にはベルゼブブの城があり、その一党が通りかかる信徒を矢で狙っている。また屈辱の谷では、体が鱗で覆われ、竜の翼、クマの足があり、口は獅子のようで腹から炎を吹くアポルオン（アバドン）が現れる。基督者は言葉巧みに破滅の都（基督者の故郷）へ戻るようそそのかすアポルオンの言葉に耳を貸さず、半日も戦ってようやく撃退するのだ。このように悪魔は危険だが、それ以上に厄介なのが人間たちだった。"彼らなりの善意"で旅を諦めさせようとしたり、間違った忠告で道を誤らせたりするばかりか、なかには旅人を捕えて監禁する者までいる。

第六章　悪魔資料室―文学作品と登場する悪魔

アポルオンと戦う基督者。立ち寄った施設で武装してはいたが、彼はただの一般市民。ありったけの勇気を振り絞って戦い、どうにかアポルオンを退けた。

弓矢で狙うベルゼブブとその部下たち。くぐり門の好意者に言われるまで、基督者は気づかなかった。悪魔は思わぬところから狙っているという表れだろうか。

『ファウスト』

著者：ヨハン・ヴォルフガング・フォン・ゲーテ
発表：1808年～1833年

多才な文豪ゲーテによる一大長編戯曲

　ドイツの文豪ヨハン・ヴォルフガング・フォン・ゲーテによる2部構成の長編戯曲。第1部は1808年、第2部は1833年に発表された。本作は後述する"ファウスト伝説"をもとにしている。主人公のファウストは学問を究め尽くし、生きる意味を見失いかけていたが、呼び出したメフィストフェレスと賭けをして契約。さまざまな経験を経たのちに死を迎え、賭けには負けたものの魂は神に救われる。物語の大まかな流れは伝説と似ているが、メフィストフェレスが神を相手に"ファウストを自分の側へ引き込めるかどうか"の賭けをしていたり、ファウストと少女マルガレーテとの悲恋が加えられたり、最後にファウストの魂が救われるといった点などが、大きく異なっている。

作品のベースになっている「ファウスト伝説」とは？

　ドイツでは16世紀後半にファウスト博士の伝説が広まっていた。非常に知識欲が旺盛で、学者として成功したのちもさらに知識を求めて悪魔と契約。以後の24年間であらゆる知識と快楽を得たが、最期に魂が地獄に落ちて永遠の罰を受けるというもの。博士のモデルは16世紀初頭の錬金術師ゲオルグ・ファウストとされる。わずかに「マルティン・ルターに悪魔との関わりを非難された」といった逸話があるが詳しい経歴は不明で、ほかのいくつかの魔術師伝説と結びついてファウスト伝説が生まれたと考えられている。出所がはっきりしないものの、1587年にフランクフルトで『ドクトル・ヨハン・ファウストの物語』と題した民衆本が発行され、伝説は各地に広まった。ゲーテ以外の作品としては、イギリスの劇作家クリストファー・マーロウの『フォータス博士』が有名で、民衆本をもとにしたファウスト博士の魂が地獄に落ちる結末になっている。

本作によってさらに名を広めた誘惑の悪魔メフィストフェレス

　メフィストフェレスには変身能力があり、作中では犬や学生、貴公子に姿を変える。本来の姿は"正視できぬほど恐ろしい"という以外わからないが、かつてはパーン神のような姿で現れたこともある。使い魔として2羽の烏を連れており、時折リサバトに参加するので魔女の知り合いも多い。強力な幻術も使えるが、最強の武器は巧みな弁舌で、当初は警戒していた相手もいつの間にか丸め込まれてしまう。また、ファウストには契約もあって忠実だが、皮肉や愚痴をこぼすこともしばしばだ。このように、メフィストフェレスは従来の悪魔の特徴を備えながらも、どこか庶民的で親しみすら感じさせる面があり、人々に新たな悪魔像を提供した存在といえる。

フランスの画家によるファウストとメフィストフェレス。ファウストが時が止まって欲しいと願うような幸福を得たとき、魂を渡す契約だった。

『聖アントワーヌの誘惑』

著者：ギュスターヴ・フローベール
発表：1874年

著者が30年かけて書き上げた幻想的な物語

　フランスの小説家ギュスターヴ・フローベールによる作品。古代エジプトのテバイスを舞台に、とある山頂に庵を構えた聖アントワーヌが幻覚による悪魔の誘惑に耐えつつ一夜を過ごし、朝日のなかにキリストの顔を見い出すまでの体験が描かれている。

　フローベールは24歳のころにイタリアのジェノヴァを訪れ、バルビ宮殿でピーテル・ブリューゲルの『聖アントニウスの誘惑』を目にして本作の着想を得た。意見を求めた友人からの初稿や続く第2稿に対する評価はひどかったが、フローベールは諦めずにほかの作品を書きつつ制作を進め、着想から約30年後に完成したのが本作である。

ピーテル・ブリューゲルが描いた『聖アントニウスの誘惑』。悪魔の誘惑に抵抗する聖アントニウスは絵画の題材として有名で、さまざまな画家の作品がある。

さまざまな幻覚で堕落させようとする悪魔たち

　苦行が極まった聖アントワーヌは、神への畏れや、自分に慈悲が注がれる感覚を失ってしまう。過度の断食で体力は衰え、経済的にも行き詰まって窮状を嘆いていたところ、そこに悪魔が現れる。姿は明確ではないが、記述を素直に受け取れば最初に少なくとも4体が現れている。物理的にアントワーヌを害することはなく、代わりに山と積まれた食べ物、水差しから湧き出る財宝といったように、彼が心の奥底で欲するものの幻を見せて堕落を誘う。それが通じぬと見るや、今度は哲学者や異教の司祭との対話を通じ、信仰に揺さぶりをかけてくる。悪魔が人間の魂を手に入れるには、信仰を捨てさせ自ら差し出すよう仕向ける必要がある。作中でアントワーヌが述べているように、「強き者には精神から、弱きものには肉のほうから攻め立てる」というわけだ。

主人公となっている聖アントワーヌとは？

　アントワーヌはフランス語読みで、日本ではラテン語の「アントニウス」が一般的。3～4世紀半ばの人物で、両親と死別したのち財産を貧しい人々に与え、砂漠での苦行にうち込んだと伝えられる。カトリック教会や正教会、プロテスタントのルーテル教会などでは聖人とされていて、エジプトには修道士らと開いたとされる修道院が現存している。

スペインの画家フランシスコ・デ・スルバランによる聖アントニウス。真偽のほどは定かでないが、105歳という長寿だったと伝えられている。

第六章　悪魔資料室―文学作品と登場する悪魔

175

『千一夜物語』

著者：不明
発表：9世紀以前

幅広い地域の伝承をもとに編まれた大物語集

　英語版の『アラビアンナイト』の名で世界的に有名な物語集。ペルシャのシャフリヤール王が妻の不貞から女性不信になり、新たな娘と一夜を過ごしては処刑するようになった。大臣の娘シェヘラザードはこれを止めようと王に嫁ぎ、毎晩、王に物語を聞かせ続けて改心させる。その物語を集めたのが本書という体裁で、ペルシャだけでなくインドやギリシャなどの民話も収録されている。アッバース朝時代の9世紀頃にアラビア語版の原型が誕生したとされ、18世紀初頭に英訳されて世界中に広まり、日本でも19世紀後半に翻訳された。

『漁師と魔神』でのイフリート。漁師は本当に壺に入っていたことを証明するよう求め、イフリートが壺に入ったところを封じて助かった。

王とシェヘラザードを描いた19世紀の絵画。本来の収録話数は約300だったが、「1000あるはずだ」と考えた後年の人々によって追加され、現在の形になった。

『千一夜物語』はジンたちの様子を伝える貴重な情報源

　『千一夜物語』には、不思議な力を備えたジンが登場する話も多い。半実体の超自然的存在の総称で、日本では「精霊」と呼ばれることが多い。一方で、翻訳された『クルアーン』では「幽精」や「妖霊」と表記される。162ページでも触れたように、アラブではジンの存在が古くから信じられており、"詩人に憑いて詩を詠ませる"といった民間伝承もある。ジンにはイブリースをはじめ、イフリートや巨魔マーリド、食人鬼グールなどが含まれる。ただ、歴史文献にはほとんど記述がないため、『千一夜物語』は姿や性質を伝える数少ない貴重な情報源でもあるのだ。

出会うと殺されそうになることが多い恐ろしいイフリート

　有名な『アラジンと魔法のランプ』には、ランプや指輪の精が登場する。両者はともに強力なジンであるイフリートで、半魔法の力で呪縛され呼び出したアラジンに従っていた。ランプや指輪を作成した魔術使いとの契約、もしくは魔術により、召喚者に従うよう定められていたから。

　危険な存在の場合が多く、『商人と魔神』では商人が投げた石が魔神の息子に当たって死んでしまい、怒った魔神に殺されそうになる。

　また『漁師と魔神』では漁師が拾った壺の栓を抜いたところ、ソロモン王が封じたイフリート、すなわち悪魔が現れ、「最初に開けた者を殺すと誓った」として、やはり殺されそうになっている。どちらも機転を利かせて助かってはいるが、通常なら人間が太刀打ちできない恐ろしい存在なのだ。

童話作品における悪魔たち

グリム童話

著者	ヤーコプ・ルートヴィヒ・カール・グリム
	＆ ヴェルヘルム・カール・グリム
発表	1812 年〜

　ドイツのグリム兄弟が編纂した物語集。題名には「童話」とあるが、本書に収録されている物語は創作童話ではなく、収集した昔話やおとぎ話を加筆、修正し、子ども向けに整えたものだ。古くからドイツに伝わる話が多いが、国外由来のものもある。悪魔が登場する物語もあり、『手なし娘』はそのひとつだ。

　あるとき薪拾いに出た粉屋が老人と出会い、「水車小屋の裏にたっているものをくれたら大金をやる」と言われた。粉屋はりんごの木だと思って承諾したが、そのとき娘が水車小屋の裏を掃除していた。後日、正体を現した悪魔が娘を迎えに現れたが、信仰の厚い娘が身を清めていたため近づけず、粉屋に「水を使わせるな」と命じて立ち去る。次に現れたとき、今度は娘の清らかな涙が彼女の手を濡らしたため連れて行けず、粉屋に「手を切れ」と命じて引き上げる。粉屋は悪魔を恐れて娘の手を切ってしまうが、娘の涙が傷を清めたため悪魔は諦めて去って行った。その後、家を出た娘は王に見初められ、妃になって子どもを授かる。義母が戦に出ている王に手紙で知らせるが、またも現れた悪魔が手紙をすり替え、妃を殺そうと企むのだ。ほかの話に登場する悪魔は人間に裏をかかれたりすることも多いが、『手なし娘』の悪魔は平然と残酷な要求をするうえ、執念深いのが特徴。妃には神の加護があり、最終的に手も元通りになって幸せになるが、契約に関しては解決されていないため、その後が気になる物語だ。

アンデルセン童話

著者	ハンス・クリスチャン・アンデルセン
発表	1844 年

　『人魚姫』などで有名な童話集。悪魔が登場する作品としては『雪の女王』がある。あるとき、悪魔が美しいものは歪み、醜いものが綺麗に見える鏡をつくった。この悪魔は悪魔学校の教師で、鏡を見た生徒たちは面白がって神や天使にいたずらをしようと考え、鏡を掴んで天界へ昇って行った。ところが途中で落として鏡は粉々になり、膨大な量の細かい欠片が飛び散って、目や心臓に刺さった人間の様子がおかしくなる。少年カインもそのひとりで、これがもとで雪の女王にさらわれることになるのだ。

イワンのバカ

著者	レフ・ニコラエヴィチ・トルストイ
発表	1886 年

　ロシアの小説家レフ・トルストイの小説。大悪魔と３体の小悪魔が登場し、長兄で兵士のシモン、次兄で商人のタラス、主人公のイワンの３人を狙う。小悪魔たちはシモンの戦争を邪魔し、タラスを欲張りにして破産させたりするが、バカ正直で無欲なイワンには何をしても通じず退散することになる。その後、大悪魔は王になったイワンを破滅させるため、隣国に戦争をけしかけたり、金貨で品物の独占を狙ったりするが、国民もイワン同様なので何も効果がなく、最後は櫓から落ちて地中へ消えていく。

第六章　悪魔資料室｜文学作品と登場する悪魔

悪魔の召喚と使役方法

『大奥義書』に記されたルキフゲ・ロフォカレの召喚

　召喚など魔法の術式が記された魔術書グリモワールは、13世紀頃から登場するが、その多くは17世紀以降につくられている。『大奥義書 Le Grand Grimoire』もそのひとつだ。著者はアントニオ・ヴェニティアナというイタリア人と思われる人物で、ユダヤ教における宗教的指導者のラビを自称している。いわゆる黒魔術や悪魔の階級も紹介されている。"支配者の三精霊"として皇帝ルシファー、公子ベルゼビュート、大

公アスタロトがおり、その配下として下表の悪魔たちがいる。『大奥義書』は、これらの悪魔たちを召喚、使役することにより、何らかの目的を遂げるための魔術書なのだ。『ゴエティア』などほかの魔術書とは違って悪魔と契約することになるが、魂を取られるわけではない。その具体例としてルキフゲ・ロフォカレの召喚について記されているので、その具体的な手順について紹介しよう。

●ほかの悪魔たちの場合は……

・プート・サタナキア	すべての女性を服従させる
・ネビロス	人を悪に染める。未来を予測し博物学の知識を授ける
・アガリアレプト	国政機関の秘密を暴く
・フルーレティ	夜間作業への助力。雹を降らす
・サルガタナス	人の不可視化と転移、解錠、透視

1　1週間前から身を清め必要な品を用意しておく

　悪魔召喚でもっとも必要なのは強靭な精神力だ。悪魔を従わせるには一筋縄ではいかなず、びくびくと怖がっているようではミスも生じやすく危険なのだ。また、悪魔にはそれぞれ得意分野があるので、目的に沿った相手を選び出しておこう。呼び出す悪魔を決めたら儀式を行なう日を定める。ルキフゲの場合は仔山羊を屠る必要があり、その日は毎月3日と決まっているので、儀式の前の月から行動すること。当日からさかのぼり8日間は、身を清めるため禁欲する。1日の食事量も3食から2食に減らすこと。この間、儀式を行なうための寂れた場所と、魔法杖をつくるために必要なハシ

バミの木を見つけておく。召喚は自分のみ、もしくは助手2名を加えた3人で行なうので、必要なら手伝ってくれる人を確保しよう。ここまで済んだら、下の表にある品々を準備する。仔山羊の皮は、屠った際に剥いで用意しておく。魔法杖は儀式前日の夕方につくるが、新しい未使用のナイフを使い、太陽が地平線に接する瞬間にハシバミの枝を切り取る必要がある。

●用意しておくべき品物リスト

魔法杖／火桶／石炭／樟脳／ブランデー／仔山羊の皮／エマティユ（血玉石）／処女がつくったロウソク／赤子の棺から抜いた釘／紙に包んだ金貨または銀貨

② 魔法円などを準備し、儀式で悪魔を召喚

当日になったら、用意した品を持って儀式の場へ向かう。最初に仔山羊の皮で魔法円の外周をつくり、四方を釘で留めておく。次にエマティユで東を頂点とした三角形を円のなかに描き、円の外側に大きなA、小さなE、小さなa、小さなJを書いたら、西にイエスの名を書いて十字架で挟む。ここで注意すべきは、円の外のアルファベットを神聖なイエスの名と同じ筆跡で書くこと。呼び出した悪魔からの攻撃を防ぐものなので、とくに注意しておきたい。ロウソクを置いたら、石炭、樟脳、ブランデーを入れた火桶を置いて着火。杖を手に所定の位置に立ち、呪文を唱え

てルキフゲ・ロフォカレの召喚を開始する。このとき、助手は何があっても一切声を出してはいけない。また、悪魔がすぐに現れるとは限らないので、間違っても円から出たりはしないこと。

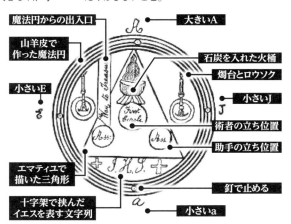

- 魔法円からの出入口
- 山羊皮で作った魔法円
- 小さいE
- エマティユで描いた三角形
- 十字架で挟んだイエスを表す文字列
- 大きいA
- 石炭を入れた火桶
- 燭台とロウソク
- 小さいJ
- 術者の立ち位置
- 助手の立ち位置
- 釘で止める
- 小さいa

③ 悪魔を使役して目的を遂行、悪魔を帰らせる

首尾よくルキフゲが現れたら、条件を提示してこちらの要求を伝える。『大奥義書』の例では、週の各晩に自分か魔術書を委任した者に通信することと、もっとも近い場所の宝を渡すことを要求し、その条件として自分が毎月の初日に触れた金か銀を渡すことを提示している。ルキフゲが拒んだ場合は杖を突きつけて滅ぼすと脅し、ソロモンの大呪を繰り返し唱える。ルキフゲが承認したら案内してくれるので、所定の位置から円を出てついて行く。ルキフゲが近づくようなら紙に包んだ金貨を投げれば、ルキフゲはそれを取りにいくので問題ない。宝を見つけたら契約を記した羊皮紙を置き、後ろ向きのまま円のなかへ戻る。もちろん、所定の位置から入ること。無事に戻れたら、

ルキフゲに別れを告げる。これで手にした宝は貴方のものだ。ただし、ここで浮かれてはいけない。以後、交わした契約をきっちりと履行していくことも大切だ。

●悪魔の召喚・使役のまとめ

- 儀式の日を決めて禁欲
- ↓
- 必要な品物を入念に準備
- ↓
- 儀式を行って悪魔を召喚/呪縛
- ↓

悪魔の力で目的を達成！

- 気を抜かず悪魔にお帰りいただく
- 契約した場合は履行も忘れずに

第六章 悪魔資料室―悪魔の召喚と使役方法

※この儀式を実行した結果に関して、当編集部は一切の責任は負えませんので、自己判断でお願いいたします。

悪魔と魔女

悪名高き魔女狩りと悪魔との関連

古くから存在はしていた魔術を使う人々

　古代では精霊信仰は世界各地で見られ、シャーマン的な呪術師は珍しくなかった。現代における調査で、彼らが用いる薬草に実際の薬理効果が確認されることもあり、単なるまやかしばかりではない。また占いをもとにした相談や諍いの仲裁は人々の心の安定に繋がるし、そもそも古くから各地で行われた雨乞いの儀式や豊穣祈願は、超自然的存在の力を借りて利を得ようとする魔術の原形といえる。中世の魔女もこれらの延長にあり、とくに実質的には薬師である白魔術師は、人々に重宝された。とはいえ魔術が問題にされなかったわけではなく、紀元前でも処罰された例はある。それは疫病などで社会不安が増大した場合が多く、通常は「他人に害を及ぼすか」といった魔術使用の目的や結果で判断され、あくまで個人の善悪が根拠だった。魔術は基本的には共同体にとって有用で、長いあいだ活用されていたのだ。

魔女をそれほど問題視しなかった教会

　キリスト教では神と御遣い以外の権威を認めていないので、魔術を使う魔女など認められるはずもない。実際、教父と称えられる4世紀のアウグスティヌスは、「すべての魔術は悪霊との交渉である」として否定した。また当時すでにマニ教などの異教信仰やアウリス派をはじめとする異端問題があり、キリスト教アタナシウス派がローマ帝国国教となったのち、ほかの宗教は厳禁となる。しかし、大抵は罰金刑や鞭打ち、追放処分などで済ませており、「異端だから即死刑」といったことはなかった。

　ローマ教会の権威は、のちの13世紀に絶頂期を迎える。この間、カトリック教会と正教会は聖像についての見解で衝突し、ついに分裂する事態となっていた。12世紀には、ワルドー派やカタリ派が現れ、カトリック教会はこれらを異端として弾圧。異端審問が始まるが、この時点でも魔術についてはまだ教会の管轄外だった。そもそも当時の教会には『司教法令集』という書物があり、「魔女は夢か想像上のもので、魔女が使う魔術の実在や有効性を信じること自体が異教信仰であり、かつ異端」というのが公式の姿勢だった。

●魔女に対する教会の考え

・創造物を変化できるのは神のみで、魔術は悪魔が見せる幻覚か空想に過ぎない。それを信じるのは不信心だが、説教で正しい信仰に戻せばよい

・魔女の魔術が本物なら、魔女は世界を破壊できることになり、手を貸す悪魔は神より強いことになる。神がそれを許すはずはない

・罪なき者や新生児が魔術の犠牲になるのは、自らの罪によってのみ罰せられる原則に反する

・神は悪を許さないので、魔女が魔術で悪を行なえるはずがない

・本当に魔女が魔術を使えるなら、裁判官たちは犠牲になるはずだ

悪魔と契約したとされ
魔女狩りへの道が開く

　西ヨーロッパではカトリック教会によるカタリ派やワルドー派への弾圧以降、異端審問が盛んになった。しかし前述のように、13世紀の時点で魔女や魔術は教会の管轄外で、異端審問官がこれらに関わるのは真に異端であることが明らかな場合のみだった。ところが14世紀になるとペストが大流行し、ヨーロッパでは3割もの人口が失われた。小氷期による農作物の不作とこれに伴う飢饉も発生し、さらに東ローマ帝国が伸張するオスマン帝国に呑み込まれ、社会不安が増大していった。

　ときに神が人間に試練を与えることは、民衆も承知していた。しかし、あまりに大きな事件が重なったことで、人々が「なにか理由があるのではないか？」と考え始めても不思議ではない。人間は理由がわからない状況に陥ると、その原因を探り始める。ここで浮上したのが魔女である。人々は魔女が雹を降らせて作物を台無しにすると考え、その力の源を悪魔との契約に求めた。さらに1484年には、ローマ教皇インノケンティウス8世が教皇教書『いと深甚なる懸念を以て』を発布する。魔女を糾弾したこの書簡は実用化間もない印刷技術によって広まり、悪名高いハインリヒ・クラーマー

フランチェスコ・マリア・グアッツォによる『悪行要論』の挿絵。魔女は子どもの脂から軟膏をつくり、それを体に塗ってサバトへ行くと考えられていた。

●魔女狩り推進派の主張

・聖書やローマ法が述べているのだから、魔女や魔術は実在する

・魔女の魔術、及びそれに手を貸す悪魔は、神の許しのもとに行われているので、悪魔が神より強くなることはない

・神は各自の罪のみによって罰するわけではない。罪なき者や新生児が犠牲になるのは、悪魔が善人を欲するため

・神はこの世で悪が起こすことを許しており、魔女の魔術は神が人間を罰する方法のひとつである

・裁判官は神の祝福を受けているので魔術で害されることはない

の『魔女への鉄槌』の序文にも掲載される。また魔女狩り推進派の著作も各国語に翻訳されて出回り、それらを手にした人々も魔女狩りを後押しし始めるのだ。

魔女狩りの中心は
じつは民衆だった

　魔女狩りは15世紀から本格的になっていき、16～17世紀にかけてヨーロッパは暗黒時代を迎えた。やがてはアメリカにまで飛び火し、多くの無辜の人々が、いわれなき告発で魔女とされ、数々の拷問の末に命を落としたのだ。

　ただ近年は、以前いわれていたほどには、教会が魔女狩りを牽引したわけではないとする説がある。裁判も異端審問ではなく、多くは世俗権力が行ったようだ。魔女の告発も民衆からの密告が多く、他人に比べて裕福な者、地位がある者、外見が美しい者などが嫉妬から狙い撃ちされた。そして、これを止めようとした教会関係者にも、破滅の危険が付きまとった。比較的世情が安定していた地域では、そこまでひどい状況ではなかったとされるので、魔女狩りの惨禍は、人々が自身の不安の原因を外部に求めた結果なのだろう。

第六章　悪魔資料室──悪魔と魔女

悪魔憑きと悪魔祓い

現代にまで続く憑依現象と悪魔祓い

超自然の存在が人間に憑くのは世界各地で共通

人間になにかが憑くという考えは古くからあり、世界各地に見られるシャーマンのトランス状態はそのひとつ。魂が抜け出して神や霊と接触する脱魂型のエクスタシー"ecstasy"と、逆に神や霊が降りてくる憑依型のポゼッション"possession"がある。トランス状態での様子は、全身が激しく痙攣するもの、単に欠伸を繰り返すものと、程度にかなり違いがある。

日本でも古くから狐の霊に取り憑かれるという"狐憑き"がよく知られ、ほかにも狸や犬、蛇などが取り憑くことがある。一般的に、憑りつかれた場合は精神病のような状態になるとされるが、一方で狐は稲荷信仰や巫女による託宣などにも結び付けられ、必ずしも悪いものとは限らない。西洋では犬が憑くことはあっても狐は憑かず、代わりに"狼憑き"がある。

キリスト教における悪魔憑き

キリスト教における悪魔憑きにも2種類ある。ひとつは体の中に悪魔が入り込んでしまう前述のポゼッションで、普通に憑依された状態。自分の意志とは無関係に暴れたり、異常な行動をとったりする。もうひとつは悪魔が周囲をうろついて迷惑をかけるオブゼッション"Obsession"だ。悪魔が聖人に取り憑こうとすると、体の中に入れずこの状態になる。体を奪われる心配はないが、代わりに幻覚などに悩まされる。175ページで紹介した聖アントニウスもこの状態にあり、『聖アントニウスの誘惑』と題された書籍や絵画では、彼の周囲に複数の異形の悪魔が描写され、昼夜かまわず邪魔をしてくる。

●憑かれた人に現れる主な症状

・悪魔に憑かれた自覚があるなしにかかわらず、社会ルールを守らなくなる
・たまに昏睡状態になり、生きる気力が減退する
・小石や釘、金属ピンなど異常なものを吐き出す
・猥褻なこと、冒涜的な言葉を発する
・霊に悩まされる
・恐ろしい表情を見せるようになる
・動物的な動きをしたり唸り声を出す
・異常に力が強くなり、暴力的になる
・祈りの言葉や聖遺物、秘跡などを怖がる
・発作を起こしているあいだの記憶がない

ドイツの画家ユリウス・シュノル・フォン・カロルスフェルトの作品。悪魔に憑かれた盲目で無言の男をイエスが癒している。

キリスト教の悪魔祓い エクソシズム

　エクソシズムは人や物品、場所などに取り憑いている悪魔、悪霊を追い払うこと。これを行なう者がエクソシストすなわち祓魔師だ。イエスはエクソシストの典型例で、『マタイによる福音書』ではたびたび人々から悪霊を祓っている。また『ルカによる福音書』にはイエスが弟子たちにその力を分け与えており、彼らもまた人々から悪霊を祓っていた。ついにキリスト教では、当初からエクソシズムが行われていたわけだ。

　もっとも初期のエクソシズムの形式は、連祷（れんとう）し、祓魔（ふつま）を祈り、憑依された者に按手（あんしゅ）（頭に手を置いて聖別する）をするのみと、かなりシンプルだった。17世紀初頭にはパウルス5世の指示で『ローマ典礼儀礼書』が整えられ、エクソシズムの具体的な手順も記されている。右にあるのは簡略化した流れだが、それでも初期のころに比べてだいぶ手順が増えているのがわかる。儀式は連祷から最後の祈りまでが1セットで、必要に応じて繰り返すのだ。

　ちなみに現代でもエクソシストは活動しているが、カトリックの司教から公式に任命された者でなければなれない。また、過去の経験から肉体的、精神的な病と混同してはならないとして、対象者に医学や精神医学、心理学による検査を受けさせるよう

●悪魔祓いの大まかな手順

ストラの端を対象者の頭や首にかけ、暴れるようなら縛っておく。集まった人々に聖水をかけて儀式を開始する。
▼
連祷
▼
『詩編』などを朗読
▼
神の恩寵を嘆願し、憑依する悪魔に退去を勧告。名前と退去の日時を示させる
▼
『福音書』の一部を朗読
▼
第一の悪魔祓い。終えたら成功を祈り、対象者の上に十字印を結ぶ
▼
第二の悪魔祓い（第一に同じ）
▼
第三の悪魔祓い（第一に同じ）
▼
最後の祈り。『使徒信条』、『詩編』などを朗読

徹底し、その後に悪魔憑きか否かの判断を下すようになった。

増加傾向にある 悪魔祓いの依頼

　近年イタリアでは、エクソシズムの依頼が増加している。1日に数十人もの依頼が舞い込むが、ベテランのエクソシストによれば、こうしたなかで本当にエクソシズムが必要なのは数％しかないという。ただ、逆にいえばその数％の人々は本当に憑かれていることになる。こうした事情もあって問題になっているのが、エクソシストの不足。ヴァチカンでは養成講座などを開いて、新たな人材育成をと考えている。なお、現代での依頼の増加は、ホラー映画の影響もあるそうだ。日本でも"引き寄せる"という言葉があるし、遊び半分での悪魔召喚ごっこは避けた方がいい。

悪魔祓いをする司祭と、対象者から抜け出していく悪魔。祓われた悪魔は、人間の口から逃げていくと考えられていた。

悪魔と魔女の事件簿

ウォーボーイズの魔女裁判

1593年　イギリス
ケンブリッジシャー　ハンティンドンシャー　ウォーボーイズ

罪なき老婆の一家を
死に追いやった少女たち

　ウォーボーイズは、イギリス東部ケンブリッジシャーのハンティンドンシャー地区にある。1593年、この村で多くの議論を呼んだ魔女裁判事件が起きた。

　地元の名士ロバート・スロックモートンには5人の娘がいた。1589年の11月頃、10歳になるジェーンが奇妙な発作を起こした。くしゃみが30分ほど続いたのちに昏倒し、その後腹が膨らんで吐いたりする。ときには脚や腕、頭が震えるというもので、以後もたびたび発作が起きるようになった。

　そんなある日、ジェーンが発作を起こしているところに、近所に住む78歳の老婆アリス・サミュエルが挨拶にやってきた。ジェーンはアリスを「魔女のようだ」と評して無礼な発言を繰り返すが、両親はこれを無視してジェーンに医師の診察を受けさせた。

　ところが、その後2か月のあいだにほかの姉妹たちにも同様の発作が起きるようになる。姉妹を診察したフィリップ・バロー博士は「呪術と魔女術のためだ」と判断。アリスを見ると暴れ出し、奇妙な苦しみ方をし始める娘たちを見て、懐疑的だった両親も博士の所見を認めるようになる。当然アリスは否定したが、娘たちが彼女を非難し続けたため、両親はアリスを強制的に屋敷に住まわせて様子を見てみることにした。

　1590年、訪ねてきた地域の最有力者クロムウェル夫人が、アリスを見るなり「魔女だ」と罵倒。強引に帽子を脱がせて彼女の髪を切り、それを焼くよう告げた。これは、魔女が髪をほどいて嵐を起こすと信じられていたためだと思われる。この後、クロムウェル夫人は悪夢に悩まされ、15か月後に亡くなった。

　1592年のクリスマス。アリスの根気強い説得を受け、姉妹は発作を起こさなくなった。しかし、突然の娘たちの変化を前に、両親は逆にアリスが魔女だと確信。アリスもまた説得の思わぬ結果に驚き、「自分が魔女なのではないか」と思い始める。そして、地元のドリントン博士に促され、「姉妹に災いをなしていたのは自分だ」と告白した。

　警察に引き渡されたアリスはリンカーンの主教のもとへ送られ、脅されてより詳細な供述を余儀なくされ、使い魔だとして鶏の名を口にする。

　この間、スロックモートン家の姉妹はアリスの夫ジョンを告発し、ハンティンドンに戻されたアリスはジョンや娘アグネスとともに投獄される。さらに姉妹は「アリスがクロムウェル夫人を呪殺した」と言い出し、アリスとジョン、アグネスの3名は捏造された証拠を根拠に有罪とされ、絞首刑にされてしまった。

オッフェンブルクの魔女裁判

1601年　ドイツ
バーデン=ヴュルテンベルク州 オッフェンブルク

```
              オッフェンブルク●
                                  ●ミュンヘン
    フランス
                  スイス        オーストリア
```

対立する者を排除すべく
魔女裁判が利用された事件

　ドイツの南西にあるオッフェンブルクは、かつて帝国自由都市だった。帝国自由都市とは神聖ローマ皇帝直轄の都市のことで、一定の自治権があって司教の統制下にはなかった。しかしオッフェンブルクでは、大学を通じてイエズス会の指導力が発揮され、厳格なカトリックの都市だった。街には22人の評議会員がおり、ここから選ばれた市長と行政官4名が、魔女裁判では裁判官を務める決まりだった。

　1601年、評議会員ルプレヒト・ジルベルラートは、対立する評議会員ゲオルク・ラウプバッハの失脚を狙った。ルプレヒトは魔女狩りに熱心な党に属し、ゲオルクの妻は4年前に魔女として火刑にされていた。9月7日、ルプレヒトはゲオルクの娘アーデルハイトとヘレーネを、「息子を魔術で殺した」として告発。10月30日には、すでにパン屋のマルティン・グヴィンネルの妻となっていたエルゼも、同じ罪で告発する。

　3人を告発するにあたり、ルプレヒトは証人を用意していた。それはブドウを盗んで逮捕された2名の浮浪者で、本来なら窃盗犯として裁かれるはずだった。ところがふたりは魔女として告発され、拷問の末に街で知られた女性の名を口にする。このなかにアーデルハイトやヘレーネの名があり、とくにエルゼはマレフィキア（魔女術）の共犯にされてしまったのだ。

　エルゼは逮捕されて拷問を受けたが、何も告白しなかった。司教の主張で評議会は

エルゼの幼い娘アガーテを拘束。エルゼを有罪とすべく証言を引き出そうとしたが、アガーテが拒否したため、エルゼは10月11日にはさらに厳しい拷問を受けた。しかし、彼女はここでも屈せず、一週間後に裁判官は再びアガーテを責め、鞭打ちによって強引に証言を引き出した。

　11月22日、アガーテの証言を受けて浮浪者2名が処刑され、エルゼは娘が自供したと知る。それでもなお、エルゼは自供を拒んだが、両手の親指を潰す拷問で悪魔との性交のみを自供し、土牢に投獄された。12月11日の4度目の拷問では、サバトへの飛行と共犯者2名の名を口にしたが、2日後には証言を撤回。以後、エルゼは「自供するまで拷問する」との脅しにも屈せず、先の密告は誤りだったと主張し続け、ついに誰の名も口にせぬまま12月20日に火刑にされた。

　一方のアガーテも土牢に繋がれ、エルザの罪を認める自供を引き出そうと責められていた。父マルティンや親戚も、母を密告した彼女を恐れて縁を切ってしまったが、エルゼが火刑にされた3週間後、マルティンは娘を許し、若年を理由とした嘆願書を評議会に送った。評議会は嘆願書を受理してアガーテを解放したが、カトリックの別の街へ追放するという条件付きだった。

　この間、アーデルハイトとヘレーネの消息は定かでない。ただ、翌年2月にルプレヒトが反対派となった評議会員に逮捕されたため、釈放されたと思われる。しかし、彼は味方となった教会の力で自宅謹慎に留められ、のちには復職することになった。

ウルスラ修道院の悪魔憑き

1611年　フランス
プーシュ＝デュニロース県 エクス＝アン＝プロヴァンス

恋のもつれから
魔女裁判に発展

　1605年、12歳にして敬虔な少女マドレーヌ・ド・ドマンドワは、エクス＝アン＝プロヴァンスのウルスラ修道会に入った。新設されたばかりで、所属する修道女はわずか6名。指導する創設者のジャン＝バティスト・ロミロン神父は、マルセイユの女子修道院の監督者でもあった。

　2年後、マドレーヌは抑鬱状態となってマルセイユに戻され、そこで両親と親交があったルイ・ゴーフリディ司祭と出会い、回復に向かう。マドレーヌはゴーフリディと恋に落ち、ふたりは街の噂になった。醜聞にはならなかったが、女子修道院に入ったマドレーヌは、院長に彼との仲を明かしたところ、エクスの修道院に移された。

　その後、マドレーヌは16〜17歳頃から重い発作を起こすようになり、悪魔の幻影を見始めた。ロミロンが悪魔祓いをしても効果がなく、ほかの修道女3人にも症状が伝染。1610年、ロミロンはゴーフリディに連絡し、マドレーヌとの関係を問いただす。ゴーフリディは肉体関係を否定したが、マドレーヌは悪魔祓いの場で彼を告発。神を否定したゴーフリディから、使い魔として緑の悪魔を授かり、13歳の頃から彼と性交していたこと。特別な粉で作った飲み物を飲まされ、生まれる子が誰のものかわからなくなるよう企んでいたことを述べた。

　その後、ヒステリーが修道女に伝染。とくにルイーズ・カポーには注目を集めるマドレーヌへの嫉妬が見られ、マドレーヌと

ともにアビニョンの大審問官セバスチャン・ミカエリスのもとへ送られた。

　しかし、ミカエリスの悪魔祓いも効果がなく、ふたりは王立修道院でフランソワ・ドンプティウスの治療を受ける。するとルイーズに憑いた3人の悪魔が、マドレーヌにはベルゼブブ、レヴィヤタン、ヴァルベリト、アスモデウス、アスタロトほか、661の悪魔が憑いていると明かした。さらにルイーズは悪魔ヴェリンを名乗り、マドレーヌの憑依の原因がゴーフリディだと公に宣言。これを受けて審問官は彼を召喚し、ふたりの悪魔祓いをさせることにした。

　同年、サン＝ボームに現れたゴーフリディは悪魔祓いの方法を知らず、ルイーズに魔術師だと糾弾されると、大した証拠もないまま牢獄に繋がれる。しかし彼は、友人の協力で不利になりそうな証拠を隠滅しており、審問官たちは彼を釈放。ゴーフレディは教皇やマルセイユ司教に働きかけ、今度はマドレーヌがサン＝ボームに収監され、彼女の躁鬱症状は悪化していった。

　悪魔憑依の噂が広まり、事件はエクスの高等法院預かりとなる。ゴーフリディは疑いを晴らそうとするも、議長のギョーム・ド・ベールは迷信深く、ミカエリスも彼を処罰しようと圧力をかけた。1611年2月に裁判が始まると、マドレーヌは非常な躁鬱状態になって2度の自殺を図る。ゴーフリディは異端審問を受けて肉体的にも消耗し、悪魔と「あらゆる女性が自分に魅了され従う」契約をしたと告白。やや回復して撤回するも、聞き入れられず同年4月18日に有罪となり、30日に処刑された。

ルーダンの悪魔憑き

**1634年　フランス
ヴィエンヌ県　ルーダン**

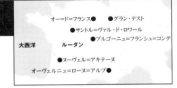

政治的な陰謀に悪魔祓いを利用

　1617年、ユルダン・グランディエ神父は、ルーダンのサン・ピエール＝デュ＝マルシェの教区司祭、並びにサンクトロワ教会の律集司祭に任命された。彼の叔父はイエズス会大学で強い影響力がある司祭で、一定の政治力も有していた。

　当時は乱れた生活を送る司祭も多く、グランディエもこうしたなかのひとりで、しかも愛人までつくっていた。勝手気ままだったため敵が多く、しばしば彼を陥れようという動きもあったが、グランディエが行状を改めることはなかった。また、当時のルーダンには城壁が存在した。時の宰相は絶対王政の基礎を築いたリシュリュー枢機卿。王権強化を目指す彼は壁の取り壊しを命じたが、グランディエはこれに反対してリシュリューの不興を買った。

　1633年、枢機卿の腹心ジャン・ド・ローバルドモンが、城壁取り壊しの監督のためルーダンにやってきた。枢機卿はローバルドモンにグランディエの逮捕を命じ、息がかかった執政官や大聖堂付判事らによる委員会の組織を指示。グランディエを陥れる陰謀が始まる。

　陰謀に加担したのは、ラクタンス、トランキュ、シュランという3人の神父と、ウルスラ修道会の修道女たち。枢機卿は修道女たちに悪魔憑きを演じさせ、神父たちが偽の悪魔祓いを行なって、悪魔を憑依させたのはグランディエだと告発。グランディエは修道女たちに公開悪魔祓いをすることになってしまい、その場で魔女として正式に告発された。

　グランディエの裁判はただの茶番劇だった。検察はもちろん、裁判官すら枢機卿の息がかかっており、証言を撤回しようとした修道女は例外なく脅迫された。通常なら裁判は世俗法廷の管轄で、パリ高等法院への上訴も認められていた。しかし枢機卿は先の委員会を動かしてこれらを封じ、グランディエを擁護しようというこのほかの動きも、不当な逮捕や恫喝で徹底的に封じた。かくして1634年、グランディエは壮絶な拷問の末、生きたまま火刑に処された。最期まで罪を認めなかったことが、唯一の抵抗だった。

　ところが、グランディエの死で終わるはずだった悪魔憑きはその後も続き、公開悪魔祓いを行なう修道院は観光名所になったという。ルーダンを訪れた枢機卿の姪がこの欺瞞に気づいて枢機卿に報告。これを受け枢機卿は、彼女たちへの定期的な送金を打ち切り、悪魔憑きは収束した。

　なおグランディエの死後、処刑に加担したラクタンス神父は5か月後、トランキュ神父も5年と経たずに狂死したという。

裁判に証拠として提出された悪魔との契約書。ラテン語の鏡文字で書かれ、サタン、ベルゼブブ、ルシファー、レヴィヤタン、エリミ、アスタロトといった悪魔の名前が記されている。

第六章　悪魔資料室＝悪魔と魔女の事件簿

ルーヴィエの妖術裁判

1643年　フランス
ウール県 ルーヴィエ

神父の異端への興味から解散に至った修道院

　17世紀のフランスでは、修道女と司祭との関係から発生した事件が多い。これは当時の司祭が世俗的になっていたこと、修道女が通常の性生活を禁じられていたことが理由だろう。いかに信仰が厚くても人間の我慢には限界があり、どこかで発散する必要がある。とくに若い修道女のヒステリー症が多いのは、真面目に禁欲し過ぎた結果と思われる。しかし、このルーヴィエの事件においては、かなり事情が異なっていた。

　事件の中心となるマドレーヌ・バヴァンは、幼いころに両親を亡くして伯父夫婦に育てられた。1620年、13歳のマドレーヌは仕立て屋見習いとなり、教会の礼服を裁縫することになる。ところが、店にはたびたび司祭が視察に訪れており、18歳のときにマドレーヌはボンタン神父に誘惑され、ルーヴィエの修道院に入ろうと決意した。信仰心が厚いマドレーヌの入会はすぐに受け入れられたが、彼女は予想もしなかった修道院の内情に困惑することになる。

　修道院はフランチェスコ派第三会の所属だったが、指導者のピエール・ダヴィッド神父はアダム派と呼ばれる異端に興味を抱いていたとされる。アダム派とは、聖書の"アダムとイヴの無垢さを取り戻す"ことを主眼に、裸で儀式を行なう特徴がある。マドレーヌが入った修道院では、裸で聖体拝領を受けたのち、8～10日のあいだ断食することになっていた。

　入会から3年間、マドレーヌはピエールのもとでこの異端についても学んだ。神父は修道女と性交はしなかったが、かといって性的行為が一切ないわけでもなかった。1628年、ピエールに替わり教区司祭マチュラン・ピカールと助手のトマ・ブーレ神父が修道院にやってくる。当時、マドレーヌはこの習慣に反対し続けていたが、マチュランは彼女への情欲を告解するようになり、ついにマドレーヌは彼に妊娠させられてしまった。

　マチュランはほかの修道女にも手を出しており、聖餅と経血の塊から媚薬をつくって地中に埋め、呪文を唱えて行為に耽った。また乳児の内臓や死体の手足などからほかの霊薬をつくり、さらにマドレーヌやトマ、ほか数名の修道女とサバトへも出かけ、黒ミサを執り行ったという。

　こうした状況は1628年からマキュランが死んだ1642年まで続き、修道女たちに悪魔憑きの兆候が現れた。教会が調査に乗り出すと、修道女52名のうち14名が憑かれていると告白。ピュティファルやダゴンといった悪魔の名を挙げ、マドレーヌが非難の的にされてしまった。

　その後、修道院は魔女術の容疑で調査され、1643年にマドレーヌは呪術、サバトへの参加、悪魔との性交などの罪で告発される。彼女は強要された自供で魔女だと認め、修道会を追放されて終身刑となるが、自殺を試みたのちの1647年に獄死した。

　なお、トマ神父は同じ年に魔女術容疑で火刑となり、掘り起こされて破門されたピエールの死体も同時に焼かれ、ルーヴィエの修道女たちはほかの修道院に分散された。

セイラムの魔女裁判

1692年　アメリカ
マサチューセッツ州 セイラム

少女たちの悪ふざけから重大な事態に発展

　アメリカ北東のニューイングランドは、清教徒がもっとも早くから入植した地域。そのセイラム村で1692年に事件は起きた。

　村の牧師サミュエル・パリスは、9歳の娘エリザベスと11歳の姪アビゲイル・ウィリアムズとともに暮らしていた。気弱なエリザベスに対し、アビゲイルは強気で好奇心が強く、エリザベスに対してやや支配的だった。ふたりは近所の少女8人も交え、パリス家の奴隷ティトゥバによく伝説を聞かせてもらっていたという。

　1月20日、エリザベスとアビゲイルは痙攣を伴う発作に襲われ、以後ヒステリー症を起こすようになる。アビゲイルは断食の日に奇声を発して跳ね回ったり、説教の場で不敬な態度をとり、のちにはほかの少女8人も似たような行動をとり始めた。

　このうち7人は10代後半から20歳。当初は悪ふざけだったと考えられている。ところが、地元の医師や聖職者は魔女術で苦しめられているのだと判断し、村の人々の多くも誰かの呪いだと信じ始めてしまった。少女たちは「誰に苦しめられているのか」と問われて返答に窮し、ティトゥバのほかサラ・グッド、サラ・オズボーンと3人の女性の名を挙げてしまった。

　これを受けて3人は逮捕され、3月から開始された尋問でティトゥバが罪を認め、ほかのふたりが共犯だと証言する。裁判を担当したホーソーンとコーウィンは魔女や魔術を堅く信じており、被告から証言を引き出すうえで少女たちに協力を求め、少女たちは魔術による苦しみを演じてみせた。

　3月12日、アン・パットナムが敬虔な女性マーサ・コーリーを新たに告発。ほかの少女たちも、それぞれ地主のジョン・プロクター、地域で尊敬されていたレベッカ・ナース、さらにアビゲイル・フォークナーといった村の人々を告発し始めた。

　このように事態が進行していくなか、動揺したサラ・チャーチル、メアリ・ウォルコットは、自らの虚偽を告白した。しかし、真実を隠し通そうとするほかの少女たちの圧力に屈し、すぐに翻意することになった。

　その後も告発される者は増え続け、ついには施設に収容しきれなくなった。そこで6月2日から特別法廷による起訴が開始され、6月10日にブリジット・ビショップの絞首刑が執行。順次、死刑判決が下った他の人々の処刑も始まった。

　このように、事態は収拾がつかぬ状態になっていくが、10月にボストンの聖職者が州知事に上訴。事態を知った知事が裁判停止を命じて騒ぎは収まった。この間に獄死を含め22人の命が失われた。

セイラムでの裁判の様子。真実の発覚を恐れた少女たちは互いに示し合わせて魔術による苦しみを演じ、いわれなき罪を人々に追わせ続けた。

第六章　悪魔資料室｜悪魔と魔女の事件簿

世界の悪魔小辞典

本書では、これまでにさまざまな悪魔たちを紹介してきたが、世界各地にはまだたくさんの悪魔たちがいる。そのすべてを掲載することは難しいが、ここではインプや

ゴブリン、ミーノータウロスといった有名な悪魔からマイナーな悪魔まで、世界各地の悪魔や、悪魔にされた諸宗教の神などを紹介していく。

✡ アーシラト

ウガリット神話の女神で、神々の女王。その名には「海を行く貴婦人」という意味があり、神話では海辺に住んでいた。異教の神アシェラとして『旧約聖書』にも登場する。

✡ アエスニクス

燃え上がる炎や松明など、さまざまな形で現れる炎の悪魔。錬金術の世界では、四大元素の火を司り、炎のなかに棲むとされたトカゲのような精霊サラマンダーと同一視される。

✡ アカ・マナフ

ゾロアスター教の善神ウォフ・マナフと敵対している悪神。その名前には「悪しき思考」という意味があり、取り憑かれると思考を狂わされ、善悪の区別がつかなくなる。

✡ アガリアレプト

ルシファーに付き従う悪魔のひとり。地獄では将軍という高い地位にあり、サタナキアとともに地獄の第二軍団を率いる。宮廷や会議室の秘密を暴き、謎を解き明かす力がある。

✡ アキベエル

旧約聖書の偽典である『第一エノク書』に登場する悪魔。アキビールとも呼ばれる。悪魔たちの指導者シェムハザの命令で地上に向かい、人間に兆しや徴候の知識を授けた。

✡ アザラデル

『第一エノク書』に登場する悪魔のひとり。アキベエルと同じく、指導者であるシェムハザの指示で地上に降り立ち、人間たちに月に関するさまざまな知識を授けた。

✡ アジベエル

『第一エノク書』にその名が見られる悪魔。謎の多い悪魔だが、アキベエルらとともに地上に現れたとあり、人間たちに何らかの知識を与えたと考えられる。

✡ アスラ

バラモン教やヒンドゥー教、インド神話における魔族。当初は神の眷属で、ゾロアスター教では最高神アフラ＝マズダーの「アフラ」と同義。日本の仏教では阿修羅と呼ばれる。

✡ アダンク

ウェールズに伝わる海の怪物。外見はビーバーに似ており、水辺に棲んでいる。水辺に近づいた人間を水中に引きずり込んで食べたり、洪水を起こしたという伝承がある。

✡ アナラゼル

『地獄の辞典』によれば人間に隠された財宝が見つからぬよう、移動させつつ管理する悪魔。家を揺すったり、嵐を起こすなど、悪さを働くこともある。ガジエル、フェコルという仲間がいる。

✡ アニャンガー

ブラジルに伝わる「悪しき精霊」で、アニャンガバーとも呼ばれる。姿形を自由自在に変化させるほか、幻影を見せたりさまざまな悪行を働いて人間を脅かす。

✡ アパオシャ

ゾロアスター教の悪魔。毛がない真っ黒い馬の姿で、自由に空を飛べる。日照りを引き起こす力があり、後世では洪水などもアパオシャが原因と考えられるようになった。

✡ アペプ

エジプト神話に登場する大蛇の姿をした悪魔で、太陽神ラーの宿敵。アポピスとも呼ばれている。肉体は不死身で猛毒がある牙を生やしており、普段は地獄で死者を苦しめている。

✡ アマザラク

『第一エノク書』に登場する悪魔。指導者シェムハザの命令で地上に降り立ち、人間たちに魔術師となる方法や、魔術の基礎について教えたとされる。

✡ アメミット

死者を裁くエジプト神話の幻獣。転生を許されなかった死者はアメミットに心臓を食われてしまう。頭はワニ、上半身はライオン、下半身はカバという独特な外見をしている。

✡ アルディナク

地震や嵐を起こしたり、雹を降らせる力がある悪魔。これらの力を使って船を難破させたりする。一般にエジプトに伝わるともいわれるが、確実というわけではない。

✡ アルラウネ

のちに悪魔に格下げされた、古代ゲルマンの伝説における守護女神。魔術や錬金術などで用いる植物マンドラゴラの、ドイツにおける別名のひとつでもある。

✡ アルラトゥ

一部の悪魔学における冥界の女王。メソポタミア神話の冥界の女神エレシュキガルと混同されることもある。イスラム教が登場する以前はアラーに相当する女神でもあった。

✡ イシム

ユダヤ教神秘主義カバラの経典『ゾハール』に登場する７人の天使。諸『エノク書』における見張りの天使に相当する。科学や芸術など、それぞれが何らかの分野に精通する。

✡ イナンナ

のちに悪魔とされた、愛や戦い、金星を司るシュメール神話の女神。月神ナンナルとニンガルの娘で、都市国家ウルクの守護神だった。バビロニア神話のイシュタルと同一視される。

✡ インプ

ヨーロッパの伝承に登場する悪魔。体型は人間の子どもに近いが、肌が黒く、頭には角、背には羽が生えている。植物を枯らせたり動物を病気にする息を吐くほか、変身能力もある。

✡ ウェルデレト

『地獄の辞典』によれば地獄の宮廷で儀式を司るとされる悪魔。魔女をサバトの会場まで飛行させる役目を負っており、このときは女性を誘惑するためにさまざまな名を使い分けるとされる。

✡ ウェンディゴ

アメリカやカナダに伝わる雪と氷の精霊。風に乗りて歩むものイタクァとも呼ばれる。姿は見えず、驚かすことはあっても無害という説がある一方、人間をさらって喰うという説もある。

✡ ヴォジャノイ

東ヨーロッパに伝わる水の妖怪。緑色で藻に包まれた不気味な姿だが、老人に変身もできる。人間や馬を水中に引きずり込んだりする一方、嵐のときは力を貸してくれることも。

✡ ヴクブ・カキシュ

マヤの神話『ポポル・ヴフ』に登場するオウムのような悪魔または巨人。双子の英雄フンアフプー、イシュバランケーに、力の源であるエメラルドの歯を抜かれて退治された。

✡ ウコバク

『地獄の辞典』で紹介された下級の悪魔。常に灼熱した体で現れ、花火と揚げ物を発明したとされる。ベルゼブブの命令で、炎が絶えぬよう地獄の釜に油を注ぎ続けている。

✡ エウリュノメー

ギリシア神話の女神で水に関係し、人魚の姿であらわされる。オリュンポスの支配者であった神蛇オピーオーンの妻。『地獄の辞典』では上級悪魔とされる。

✡ エーリエル

大気に棲む悪魔。常に地獄と連絡をとっており、風を操って実体化できる。また、竜巻や嵐を起こして海上の船を難破させるなど、人間に害をなすことも多い危険な存在だ。

第六章

悪魔資料室｜世界の悪魔小辞典

✡ エキドナ

ギリシア神話の怪物。上半身は美しい女性だが、下半身は蛇。出自については諸説あるが、テュポーンの妻となり、ケルベロスやヒュドラなど、さまざまな怪物を産み落とした。

✡ エノクの悪魔

研究家のフレッド・ゲティングズは、聖書偽典の各種『エノク書』で言及されている堕天使を1類、散逸しただろう類書に書かれていてもおかしくない魔神（ゴエティアなど）を2類と分類した。

✡ エリニュス

ギリシア神話の女神アレクト、ティシポネ、メガイラの総称。親を殺した子どもに対して罰を与える復讐の女神であり、人間の心を乱して破滅させるとされる。

✡ エルリク

南シベリアに伝わる悪魔の王。創造神ユンゲルと対立し、悪事を働いたことで冥界に追放された。外見は諸説あるが、クマや老人として描かれることが多い。

✡ カーリー

インド神話の女神ドゥルガーやパールヴァティーから生まれた、あるいはその別人格とされる神。非常に好戦的で、4本ある腕には剣や矛、生首などをもった姿で描かれる。

✡ カオウス

ロードス島などギリシアの一部に伝わる悪魔。家に憑りつく意地悪な妖精に近い存在で、勝手に人間の背に乗ったうえ、棒で叩いてて運ばせるとされる。名の意味は燃やす者。

✡ カコダイモーン

ギリシアにおける悪霊で、その王はハーデースとされる。対して善なる霊はアガトダイモーンと呼ばれる（ダイモーン自体には善悪どちらのニュアンスもない）。

✡ ガジエル

『地獄の辞典』によれば財宝を管理する悪魔アナラゼルの仲間。アナラゼルやフェコルとともに人間が住む家を揺らしたり、嵐を起こすなどの悪事を働いていたという。

✡ カスピエル

月を司る天使あるいは悪魔。その名前には「神に閉じ込められた」という意味がある。ラッド博士の『天使魔術論』によれば南方を治める大帝で、200名の大公と400名の小公爵を従える。

✡ カブラカン

マヤ神話に登場する巨人。山を突き崩すほどの怪力を誇る。ヴクブ・カキシュの次男で、父親と同じように双子の英雄フンアフプーとイシュバランケーに退治された。

✡ カルキュドリ

『第二エノク書』などに登場する幻獣。体はライオンだが頭はワニで、背中には12の翼が生えている。フェニックスとともにチャリオットを引っ張る役目を担っている。

✡ ガンガー

ガンジス河の女神だが、『地獄の辞典』では女魔。いわく腕が4本あり、左手には小さな椀、右手にはフォークを保持する。インドでは畏怖され、かつては人間を生贄に捧げていたという。

✡ キキーモラ

スラヴの家の精。人前に出ることは希で、うめき声をあげたり皿を割ったりして人間を驚かし、家から追い出そうとする。棲みつくのは災いの前触れとされた。

✡ グラウロン

『魔女術の開示』によれば、北方を支配する大気の霊の首領。バルキンの支配下にあり、ルリダンを従えている。ルリダン召喚の際にはグラウロンの力を借りる必要がある。

✡ クルード

『地獄の辞典』によればフランドル霧の精霊。悪魔の血が流れているとされ、目つきは鋭く、口は吸血鬼のようで、敏捷に動く。見えるものの実体は曖昧で、ふれようとするとすり抜ける。

✡ ケリコフ

『地獄の辞典』によればロシアに伝わる悪魔。水に関わりが深い悪魔で、嵐や竜巻を起こす力がある。また、黒い大きな手で船を掴んで難破させたというエピソードも残っている。

✡ ゲリュオン

ギリシア神話の巨人的な怪物。頭が３つ、もしくは3頭3体で、手足が６本ずつある。ヘーラクレースの十二の功業にも登場し、彼に戦いを挑んで殺されている。

✡ ゴブリン

イギリスの家の精。本来は些細なイタズラをする程度で、さほど危険な存在ではなかったが、キリスト教によって悪魔とされ、意地が悪い霊や、家に憑りつく魔物を指すようになった。

✡ コボルト

もともとはドイツに伝わる家の霊で、中世に鉱山に棲む悪霊を指す様になる。人間にいたずらをするなどゴブリンとの共通点も多く、同一視されることもある。

✡ サウジーネ

『地獄の辞典』によればフランス南部のラブール地方のサバトに現れた、魔女にしてサバトの巫女。サタンの第一夫人であり地獄の有力者。

✡ サテュロス

ギリシア神話に登場する半人半獣の精霊。上半身は男性、下半身はヤギやウマであることが多い。牧神パーンと同一視されることもあり、初期の悪魔の姿に大きく影響した。

✡ サマナ

子どもや売春をする人間を襲うとされるメソポタミア発祥でエジプトにも伝播した悪霊。頭はライオンだが、歯は竜、爪はワシで、尻尾はサソリというかなり独特な外見をしている。

✡ ザリチュ＆タルウィ

ゾロアスター教の悪魔コンビで、いずれも植物を滅ぼすという使命を帯びている。ザリチュ（渇き）は善神アムルタート、タルウィ（熱）は善神ハルワタートと敵対している。

✡ サルワ

ゾロアスター教の悪魔。その名前はアヴェスター語で「無秩序」という意味で、人々を混乱させることを使命としている。秩序や鉱物を司る善神フシャスラ・ワルヤと敵対関係にある。

✡ ジェヌーン

アラビアの天使と悪魔の中間に位置する霊的な存在。爬虫類に化けて森や池などに現れ、踏んだ人間への復讐として病気にする。憑依された人はマジュヌーンと呼ばれる。

✡ シパクナー

マヤ神話の巨人で、ヴクブ・カキシュの長男。山を動かし山脈を作るほどの怪力を誇る。双子の英雄フンアフプーとイシュバランケーに生き埋めにされる形で退治された。

✡ 四方の悪魔

東西南北を支配する魔王。『ゴエティア』によるとアマイモンが東、コルソンが西、ジミニアルが南、ゴアプが北を支配しているが、魔術書ごとに違う名前が挙げられ一定しない。

✡ ジャン・ミュラン

『地獄の辞典』によれば魔神としては下級だが、ベルゼブブの第一の召使いだという。また魔女裁判では、レオナールがサバトの主催をする際、副官として使えていたという複数の記録がある。

✡ スケディム

ヘブライの伝承において悪魔を表す一般的な名称。魔法を仲介するマジキムとともにアダムとリリスの子どもとされる。異教の神でも堕天使でもなく、キリスト教では異色の存在。

✡ センドゥシヌィ

ツンドラに現れる精霊。好きなトランプと酒を渡して頼むと北極狐がたくさん獲れるようになるが、センドゥヌィと付き合った者は死後サタンのもとへ行くとされる。

✡ ダーナヴァ

インドの神族で「ダヌの子どもたち」という意味。聖仙カシュヤパと、その妻のひとりであるダヌのあいだに生まれた子どもたちを指す。よくダイティアと混同される。

✡ ターラカ

インド神話の阿修羅。名の意味は星。創造神ブラフマーから主神シヴァ以外には殺されない肉体を授かり、世界を征服するが、のちにシヴァの息子スカンダに倒される。

第六章　悪魔資料室―世界の悪魔小辞典

✡ ダイティア

インドの神族で「ディティの息子たち」という意味。聖仙カシュヤパと、その妻のひとりであるディティの子どもたちを指す。神々とよく敵対している。

✡ ダエーワ

ゾロアスター教の邪神アンラ＝マンユが生み出した悪魔たちの総称。サンスクリットで神を表すデーヴァと同語源だが、ペルシア／イランでは立場が逆転している。

✡ タミエル

旧約聖書偽典『第一エノク書』に登場する見張りの天使グリゴリの一員であり、シェムハザの仲間。人間に天体観測の技術を授けたせいもあり、堕天した。

✡ タローマティ

ゾロアスター教の女悪魔。名前は「背教」を意味し、「敬虔」や「献身」を意味する女神スプンタ・アールマティと敵対している。アリアマン・イシャという呪文で追い払える。

✡ チチェバチェ

『カンタベリー物語』などに登場する牛のような寓話的怪物。善良な女性を食べるが、ほとんどいないので痩せている。逆に長命の男を喰らって肥え太るビルコンという怪物もいる。

✡ チョールト

ロシアにおいては黒い毛に覆われ、角や尾がある典型的な悪魔を指す。一方、東スラヴでは超常的存在の総称で、悪魔だけでなくさまざまな精霊なども含まれる。

✡ チョンチョン

チリの一部族に伝わる魔物。人間の頭に翼状の耳が生えた姿をしており、奇声をあげながら飛び回る。病人の血もしくは魂を吸うため、病人がいる家の周辺を飛ぶことが多いとされる。

✡ 使い魔

魔法使いや魔女が使役する精霊や動物など。動物の場合はネコやカラスが一般的。基本的には主より力が弱く、その命令を受けて簡単な仕事をこなすことが多い。

✡ ディアボロス

ラテン語やギリシャ語での「悪魔」で、英語の"Devil"と同根。一般的な悪魔という意味だけでなく、サタンと対比されることがあり、すべての悪魔の指揮官を指す言葉としても使われた。

✡ ティアマト

メソポタミアにおける原初の海の女神。淡水の神アプスーと交わり、さまざまな神や怪物を産み落とした。後年、バビロニアの創世叙事詩で原初の混沌の象徴となり、悪魔とされた。

✡ デウムス

インドの一部地域で女神ドゥルガーの化身として崇拝されていた。頭には立派な王冠と4本の角、口には大きな鉤状の4本の歯が生えており、鼻は鉤状に尖っていて雄鶏の足がある。

✡ テューーポーン

ギリシア神話の怪物。大地を揺るがすほど体が大きく、上半身は人間に近いが下半身は蛇で、肩には無数の蛇の頭が生えている。妻のエキドナと多くの怪物たちを生み出した。

✡ ニクス

北欧／ゲルマンの淡水系の水の精。魅力的な姿や音楽で誘惑し、溺死させる。稀に人間と恋に落ちるが、地上生活に耐えきれず水底へ還っていく。

✡ ニュッバス

『地獄の辞典』では下級の魔神であり、地獄では道化師長を務める。幻や悪夢を見せることができる。ロバのような足とニンマリ笑顔が特徴。鉄兜と太鼓を保持する。

✡ ノーンハスヤ

アシュヴィン双神とも呼ばれるインドの医術神ナーサティヤのこと。優れた御者なので聖獣は馬。長寿、安産、除難のご利益がある。しかしゾロアスターでは、この項目名のダエーワとされた。

✡ バーバ・ヤーガ

スラヴ民話の魔女もしくは妖婆。鶏の足の家に住み、釜に乗って空を飛びながら、子どもを誘拐して食べてしまう。ただ、人間に力を貸してくれる逸話もあり、必ずしも悪とは限らない。

✡ ハーピー

ギリシア神話の半人半鳥の怪物。上半身は人間、下半身は鳥で、腕ではなく翼がある。南部のクレタ島に伝わる女神だったとされるが、古典時代に悪魔とされた。

✡ ハールート＆マールート

二人組の天使。イスラム教では人間を試す存在だが、ユダヤ、キリスト教では地上に降りて肉欲と酒の虜となり、神の怒りに触れてバビロンの井戸に投げ落とされたとされる。

✡ パーン

羊飼いや羊の群れを監視するギリシア神話の神。上半身は人間に近いが、足はヤギ、頭にはヤギの角が生えている。ローマ神話にはファウヌスという名前で登場する。

✡ バイラヴァ

インド神話の主神シヴァには性質が異なる８つの相があり、そのなかの荒々しく恐ろしい一面の呼び名。破滅や破壊をもたらし、マハーカーラ（大黒天）ともよ呼ばれる。

✡ パック

『夏の夜の夢』で有名なイギリスの妖精。地域によってポーク、ピスカ、パックルなど、呼び名が異なる。優れた変身能力を備え、それを使って人間にいたずらをすることがある。

✡ バラクエル

カバラの経典『ゾーハル』によれば、７人の堕天使で構成される集団イスキンのメンバー。『第一エノク書』によれば人間に占星術を教えたという。

✡ バルキン

グラウロンとルリダンを従える王で、1500の軍団を率いる北の山脈の支配者。カメレオンに乗った多数の矮人に先導され、小さな山羊に乗って現れるとされる。

✡ バルタゾ

魔女狩りの狂信的推進で知られるジャン・ボダンの調書に記された悪魔。1566年に、フランスのランという街でニコル・オーブリという人物に憑依したとされる。

✡ バルベリト

『旧約聖書』に登場する異教の神バアル・ベリトが悪魔化したもの。ベリスという名前でソロモン72柱の一柱に数えられている。かつては智天使の長であった。

✡ バロール

ケルト神話の魔神。「魔眼のバロール」という異名の通り、視線を合わせるだけで相手を殺す力がある。のちに自身の孫である太陽神ルーに槍（もしくは投石）で貫かれて絶命した。

✡ 反キリスト

イエス・キリストになりすまし、イエスの教えに背き、人々を悪しき教えに導くもの。終末論においては悪魔として扱われており、最後の審判の日に救いが与えられないという。

✡ ピコルス

プロイセンやリトアニアの戦神で、ターバンを巻いた緑の頸髭の老人。冥府を根城とし、不幸や憎悪を司るため後に悪魔とされた。雷神ペルクノスおよび豊穣神ポトリンポスと三位一体をなす。

✡ ピュートーン

ギリシア神話において太陽神アポローンに倒される巨大な蛇、もしくはドラゴン。アポローンが誕生する前、その母レートーを襲っていたことから、悪魔的な竜ともみなされている。

✡ ビルコン

妻に対する夫の不満や愚痴から生まれた肥えた豹のような姿で、長命の夫を捕まえて食べるという。なぜか頭に二本の角を生やしたウマのような怪物バイコーンと同一視される。

✡ ブーシュヤンスター

両手が異様に長いゾロアスター教の女悪魔。早起きの者は天国へ行けるのだが、この悪魔は人間に眠気を吹き込んで怠け者にし、起き上がろうとする者をふたたび眠りへ誘う。

✡ プート・サタナキア

『真正奥義書』などの魔術書に登場する悪魔。地獄の将軍としてルシファーに仕え、アガリアレプトとともに悪魔の軍隊を率いる。あらゆる女性を意のままに操る力もある。

✡ フェコル

『地獄の辞典』によれば地下の財宝を守り、管理する悪魔。ガジエル、フェコルという悪魔の仲間がいて、3人で人間が住む家を揺すったり、嵐を起こすなど、悪さを働くこともある。

✡ フェンリス狼

北欧神話に登場する巨大な狼の怪物。ロキの長男で、世界蛇ヨルムンガンドや冥府の女王ヘルの兄にあたる。終末の日ラグナロクで最高神オーディン父子と戦い命を落とす運命にある。

✡ フリアエ

ギリシア神話の復讐の女神エリニュスがローマ神話に取り込まれた姿で、意味は狂乱。こちらも親を殺した子に罰を下す役目がある。

✡ ブリフォー

『地獄の辞典』によれば、地獄の1軍団を率いる。あまり有名ではないが、17世紀にフランス北部のボーヴェで起きた悪魔憑き事件で女性に憑りついた。

✡ ブルーハ・デーモン

意味は魔女の魔神。15世紀スペインの司教アルフォンソ・デ・スピナが定義づけた10の悪魔のひとつ。老女を幻覚たぶらかしてサバト（魔女の集会）に参加させようとする。

✡ プルトン

ギリシア神話のハーデースと同一視されるローマ神話の冥界の神プルートーが、悪魔化したもの。火の君主であり炎の国の総督とされる。莫大な財宝を蓄えている。

✡ ヘカテー

ギリシア神話の女神。ハデスやペルセポネに次ぐ冥府神であり、魔術に関わりの深い神でもある。そのため、後世で邪悪なものとして扱われるようになった。

✡ ベス

スラヴ諸民族に古くから伝わる悪霊。キリスト教が伝わった際に悪魔"Demon"の訳語とされたが、その役割はのちにチョールトへと移り、いわゆる「悪魔」の代名詞となった。

✡ ベヘモス

『旧約聖書』に登場する陸に棲む巨大な怪物で、中世以降、悪魔として扱われるようになった。『地獄の辞典』では、上半身がゾウ、下半身がカバのような姿で描かれている。

✡ ホブゴブリン

イギリスの家の精。J・R・R・トールキンの影響で現代ではゴブリンの大型種という認識が一般的だが、本来は邪悪ではなく、家事などを手伝う友好的な妖精だった。

✡ ボラリム

『魔女術の開示』によれば、北風の精霊ルリダンの召喚に関わるとされる、南方を支配する大気の霊の首領。ギリシアの南風ボレアスを擬人化したものであるようだ。

✡ ポルードニツァ

ロシアに伝わる精霊。名は「真昼の女」という意味で、正午の畑に現れて休息すべき時間に働いている者がいないか探し、見つけると大鎌で斬りつけたりしてくる。

✡ マゴト

魔術書『術士アブラメリンの聖なる魔術の書』に登場する悪魔で、「8人の下位王子」のうちのひとり。1618年のオーシュでの悪魔祓いで貴族に憑りついていた。名の意味はウジ虫。

✡ マジキム

ユダヤ教における悪魔。聖典『タルムード』によれば、アダムとリリスが罪を犯して生まれた種族。神が6日目の終わりに作り、時間が足りず半人半霊になったとする説もある。

✡ マホーニン

1618年に南フランスのオーシュで行われた悪魔祓いの際、貴族に憑りついていた悪魔。憑りつく前は水中にいたこと、敵対聖人は福音書記聖マルコであることなどを明かした。

✡ ミーノータウロス

ギリシア神話に登場する頭がウシの怪物。ミーノース王の后がポセイドンに呪われて誕生した。ダンテの『神曲』で扱われて以降、悪魔学でも取り上げられるようになった。

✡ メリジム

嵐を巻き起こすアエリアエ・ポテスタテスの君主。フランシス・バレットの『メイガス』では疫魔の王とされ、メリヒムと呼ばれている。使徒パウロが遭遇したと信じられていた。

✡ モンタニャール

山の坑道に棲んでいるフランス系の悪魔。身長は90cmほどしかないが、顔つきは恐ろしく、侮辱されると相手をひどい目に遭わせるので坑夫たちから恐れられている。

✡ ヤクシャ

ヒンドゥー教に伝わる男性の鬼神。女性の場合はヤクシニーと呼ばれる。のちに仏教に取り入れられて夜叉となり、毘沙門天の眷属として北方を守護することになる。

✡ ヤン＝ガン＝イ＝タン

名の意味は「火を持つヤン」。フランスのブルターニュ半島を徘徊しているという魔神もしくは鬼火。5本の指に5本の蝋燭がついており、凶兆として恐れられている。

✡ ユゴン王

フランス中部の都市トゥールの悪霊。幼い子どもを怖がらせる存在として現代まで語り継がれ、フランスの改革派ユグノーの語源にもなっている。

✡ ラークシャサ

ヒンドゥー教に伝わる人間を食べる凶悪な鬼。女性の場合はラークシャシー。仏教では凶悪な煩悩を食い尽くす善神・羅刹として、夜叉とともに毘沙門天に仕えている。

✡ ラーフ

神々の霊薬アムリタを盗み飲んで首をはねられたアスラ。その首が天に昇ったことで日食や月食といった現象が起こるようになった。漢訳では羅睺もしくは羅睺星。

✡ ラールウァエ

古代ローマに伝わる亡霊。意味は「幼虫」。生前の行いが原因で成仏できず、地上をさまよっている。夜になると生きているものを呪い殺すために動き出す。

✡ ラミア

ギリシア神話に登場する、上半身が女性、下半身が蛇の怪物。主神ゼウスとの間にもうけた子どもを女神ヘラに殺されて気が狂い、子どもをさらっては食べる怪物と化した。

✡ ランダ

インドネシアのバリ島の魔女で、舌を出し、目立つ肋骨に垂れた乳房の老婆。意味は未亡人。人間に災いをもたらす魔術を使う。死しても蘇えり、神獣バロンと永遠の戦いを続ける。

✡ リベザル

ポーランドのリーゼンゲビルゲ（巨人山脈）の山頂に棲み、嵐の竪琴を使って山の天候を変化させる精霊。遭遇した人間の性質に応じて悪魔にも精霊にもなるという。

✡ ルサールカ

スラヴの豊穣女神と関係する淡水域の水の精で、水難事故で亡くなった女性がなるという。緑の長髪の若い女性の姿で裸身で登場することが多く、誘惑された男性を溺死させたりする。

✡ ルリダン

スコットランドのオークニー諸島の精霊。暖炉の火起こしや皿洗い、床掃除など、家事を手伝ってくれる。『魔女術の開示』では、ウェールズで英語の預言詩を授けている。

✡ レーシー

スラヴ人に伝わる森の精。名の意味は森の人。長髪ひげぼうぼうの老人で、樹木ほどの背丈だが、森を出ると木の葉のように小さくなる。助けてくれることもあるが、無礼を働けば当然報いがある。

✡ レオナール

通称サバトの雄山羊。姿形はさまざまだが、下級の悪魔を従え、黒い山羊の姿でサバトを取り仕切り淫行を先導する。人間に化けて女性を誘惑することもあるという。

✡ レヤック

バリ島の悪霊で、魔女ランダに仕える。異常に長い舌と大きな牙の頭から内臓をぶら下げ、胴体はない。姿形を変える黒魔術を使う。赤子や妊婦に襲いかかり、その血肉を喰らうという。

第六章　悪魔資料室─世界の悪魔小辞典

悪魔分布図

本書ではさまざまな悪魔を紹介してきたが、
その悪魔たちの伝承はどのような国や地域で語られてきたのか。
ここでは、世界地図をもとに各悪魔の伝承地域を紹介する。

アジア

イラン

アンラ=マンユ	P.96
ジャヒー	P.98
ドゥルジ	P.100
アストー・ウィーザートゥ	P.102
アジ・ダハーカ	P.104

インド

セイロン島

第六章 悪魔資料室―悪魔分布図

マーラ	P.106
ヒラニヤカシプ	P.108
アガースラ	P.110
シュンバ	P.112
バーナースラ	P.114
マヒシャースラ	P.116
ラクタヴィージャ	P.117

ラーヴァナ	P.118
インドラジット	P.119
クンバカルナ	P.120

中東／北アフリカ

グザファン	P.50
アスタロト	P.64

シリア

イラク

フェニキア地域

フェニックス	P.136

イスラエル

アッカド／シュメール地域

エジプト

シナイ半島

ルシファー	P.16		
レヴィヤタン	P.20	アバドン	P.42
サタン	P.22	ベリアル	P.44
アスモデウス	P.24	サマエル	P.46
ベルゼブブ	P.26	ウリエル	P.52
ベルフェゴール	P.28	リリス	P.62
アザゼル	P.36	アドラメレク	P.68
シェムハザ	P.38	ダゴン	P.74
マステマ	P.40	黙示録の竜と獣	P.82

第六章 悪魔資料室 悪魔分布図

メソポタミア

アンズー	P.90
パズズ	P.92

ネルガル	P.66
ニスロク	P.70

アサグ	P.94
ウドゥグ	P.95

モロク	P.76

イスラム圏

イブリース	P.48
アブラクサス	P.78

201

ヨーロッパ

フランス

ルキフゲ・ロフォカレ　P.53

ヨーロッパ

マンモン	P.18
アモン	P.60
バエル	P.72
バフォメット	P.80
夢魔（メア）	P.121
マルバス	P.128
パイモン	P.130
フルフル	P.132
マルコシアス	P.134
ヴェパル	P.138
ヴィネ	P.140
ゴモリー	P.142
オリアス	P.144
ザガン	P.146
アムドゥスィアス	P.148

第六章　悪魔資料室―悪魔分布図

203

【幻想悪魔大図鑑】五十音順索引

【ア】

アーシラト	P.190
アイム	P.151
アエスニクス	P.190
アカ・マナフ	P.190
アガースラ	P.110
アガリアレプト	P.190
アガレス	P.150
アキベエル	P.190
アサグ	P.94
アザゼル	P.36
アザラデル	P.190
アジ・ダハーカ	P.104
アジベエル	P.190
アスタロト	P.64
アストー・ウィーザートゥ	P.102
アスモデウス	P.24
アスラ	P.190
アダンク	P.190
アッロケス	P.152
アドラメレク	P.68
アナラゼル	P.190
アニャンガー	P.190
アパオシャ	P.190
アバドン	P.42
アブラクサス	P.78
アペプ	P.191
アマザラク	P.191
アミュ	P.152
アムドゥスィアス	P.148
アメミット	P.191
アモン	P.60
アルディナク	P.191
アルラウネ	P.191
アルラトゥ	P.191
アンズー	P.90
アンドラス	P.153
アンドレアルフス	P.153
アンドロマリウス	P.153
アンラ=マンユ	P.96

【イ】

イシム	P.191
イナンナ	P.191
イブリース	P.48
イポス	P.151
インドラジット	P.119
インプ	P.191

【ウ】

ヴァッサゴ	P.150
ヴァプラ	P.153
ヴァラク	P.153
ヴアル	P.152
ヴァレフォル	P.150
ヴィネ	P.140
ヴェパル	P.138
ウェルデレト	P.191
ウェンディゴ	P.191
ヴォジャノイ	P.191
ヴクブ・カキシュ	P.191
ウコバク	P.191
ウドゥグ	P.95
ウリエル	P.52

【エ】

エウリュノメー	P.191
エーリエル	P.191
エキドナ	P.192
エノクの悪魔	P.192
エリゴス	P.150
エリニュス	P.192
エルリク	P.192

【オ】

オセ	P.152
オリアス	P.144
オロバス	P.152

【カ】

ガアプ	P.151
カーリー	P.192
カオウス	P.192
カコダイモーン	P.192
ガジエル	P.192
カスピエル	P.192
カブラカン	P.192
カミオ	P.152
カルキュドリ	P.192
ガンガー	P.192

【キ】

キキーモラ	P.192
キメイエス	P.153

【ク】

グザファン	P.50
グシオン	P.150
グラウロン	P.192

【グ】（続き）

グラシャ=ラボラス	P.151
クルード	P.192
クロケル	P.152
クンバカルナ	P.120

【ケ】

ケリコフ	P.192
ゲリュオン	P.193

【コ】

ゴブリン	P.193
コボルト	P.193
ゴモリー	P.142

【サ】

サウジーネ	P.193
ザガン	P.146
サタン	P.22
サテュロス	P.193
サブノック	P.152
サマエル	P.46
サマナ	P.193
サミギナ	P.150
ザリチュ＆タルウィ	P.193
サルワ	P.193
サレオス	P.151

【シ】

ジェヌーン	P.193
シェムハザ	P.38
シパクナー	P.193
四方の悪魔	P.193
シャクス	P.152
ジャヒー	P.98
ジャン・ミュラン	P.193
シュンバ	P.112

【ス】

スィトリー	P.150
スケディム	P.193
ストラス	P.151

【セ】

セエレ	P.153
ゼパル	P.150
センドゥシヌィ	P.193

【タ】

ダーナヴァ	P.193

ターラカ	P.193	バルキン	P.195	マルコシアス	P.134
ダイティア	P.194	バルタゾ	P.195	マルバス	P.128
ダエーワ	P.194	バルバトス	P.150	マルファス	P.151
ダゴン	P.74	ハルファス	P.151	マンモン	P.18
タミエル	P.194	バルベリト	P.195		
タローマティ	P.194	バロール	P.195	**【ミ】**	
ダンタリオン	P.153	反キリスト	P.195	ミーノータウロス	P.196
【チ】		**【ヒ】**		**【ム】**	
チチェバチェ	P.194	ピコルス	P.195	ムルムル	P.152
チョールト	P.194	ビフロンス	P.152	夢魔（メア）	P.121
チョンチョン	P.194	ピュートーン	P.195		
		ヒラニヤカシプ	P.108	**【メ】**	
【ツ】		ビルコン	P.195	メリジム	P.197
使い魔	P.194				
		【フ】		**【モ】**	
【テ】		ブーシュヤンスター	P.195	黙示録の竜と獣	P.82
ディアボロス	P.194	プート・サタナキア	P.195	モロク	P.76
ティアマト	P.194	フェコル	P.196	モンタニャール	P.197
デウムス	P.194	フェニックス	P.136		
デカラビア	P.153	プエル	P.150	**【ヤ】**	
テューポーン	P.194	フェンリス狼	P.196	ヤクシャ	P.197
		フォカロル	P.152	ヤン＝ガン＝イ＝タン	P.197
【ト】		フォラス	P.151		
ドゥルジ	P.100	フォルネウス	P.151	**【ユ】**	
		ブネ	P.151	ユゴン王	P.197
【ナ】		フリアエ	P.196		
ナベリウス	P.151	ブリフォー	P.196	**【ラ】**	
		ブルーハ・デーモン	P.196	ラーヴァナ	P.118
【ニ】		フルカス	P.152	ラークシャサ	P.197
ニクス	P.194	プルソン	P.151	ラーフ	P.197
ニスロク	P.70	プルトン	P.196	ラールウァエ	P.197
ニュッパス	P.194	フルフル	P.132	ラウム	P.152
				ラクタヴィージャ	P.117
【ネ】		**【ヘ】**		ラミア	P.197
ネルガル	P.66	ヘカテー	P.196	ランダ	P.197
		ベス	P.196		
【ノ】		ベヘモス	P.196	**【リ】**	
ノーンスハヤ	P.194	ベリアル	P.44	リベザル	P.197
		ベリス	P.151	リリス	P.62
【ハ】		ベルゼブブ	P.26		
ハアゲンティ	P.152	ベルフェゴール	P.28	**【ル】**	
バーナースラ	P.114	ベレス	P.150	ルキフゲ・ロフォカレ	P.53
バーバ・ヤーガ	P.194			ルサールカ	P.197
ハーピー	P.195	**【ホ】**		ルシファー	P.16
ハールート＆マールート	P.195	ボティス	P.150	ルリダン	P.197
パーン	P.195	ホブゴブリン	P.196		
パイモン	P.130	ボラリム	P.196	**【レ】**	
バイラヴァ	P.195	ポルードニツァ	P.196	レヴィヤタン	P.20
ハウレス	P.153			レーシー	P.197
バエル	P.72	**【マ】**		レオナール	P.197
バスィン	P.151	マーラ	P.106	レヤック	P.197
パズズ	P.92	マゴト	P.196	レライェ	P.150
パック	P.195	マジキム	P.196		
バフォメット	P.80	マステマ	P.40	**【ロ】**	
バラム	P.152	マヒシャースラ	P.116	ロノヴェ	P.151
バラクエル	P.195	マホーニン	P.196		

世界の悪魔小辞典

『悪魔学大全』　　　　　　　　　ロッセル・ホープ・ロビンズ（著）／松田和也（訳）／青土社

『悪魔事典』　　　　　　　　　　　　　山北篤、佐藤俊之（監修）／新紀元社

『悪魔の事典』　　　　　　　　　　　フレッド・ゲティングズ（著）／大瀧啓裕（訳）／青土社

『悪魔の姿 絵画・彫刻で知る堕天使の物語』
　　　　　　　　　　　　ローラ・ウォード、ウィル・スティーズ（著）／小林純子（訳）／新紀元社

『イスラーム・シンボル事典』
　　　　　　　　　　　マレク・シェベル（著）／前田耕作（訳）／甲子雅代（監訳）／明石書店

『ヴィジュアル版 天国と地獄の百科 天使・悪魔・幻視者』
　　　　　　　　　　　ジョルダーノ・ベルティ（著）／竹山博英・柱本元彦（訳）／原書房

『エクソシストとの対話』　　　　　　　　　　　　　　　　　島村菜津（著）／講談社

『王書 ペルシア英雄叙事詩』　　　　　フィルドゥスィー（著）／黒柳恒男（訳）／東洋文庫

『王書 古代ペルシャの神話・伝説』　　フェルドウスィー（著）／岡田恵美子（訳）／岩波文庫

『神曲』　　　　　　　　　　　　　　ダンテ・アリギエリ（著）／原基晶（訳）／講談社

『神の文化史事典』　　　　　　村松一男、平藤喜久子、山田仁史（編）／白水社

『ゲーティア ソロモンの小さき鍵』
　　　　　　　　　　　アレイスター・クロウリー（編）／松田アフラ（訳）／魔女の家BOOKS

『幻想世界の住人たちⅡ』　　　　　　　　　　健部伸明と怪兵隊（著）／新紀元社

『原典訳 アヴェスター』　　　　　　　　　　　　　伊藤義教（訳）／筑摩書房

『コーラン 上・中・下』　　　　　　　　　　　　　井筒俊彦（訳）／岩波書店

『地獄の辞典』　　　コラン・ド・プランシー（著）／床鍋剛彦（訳）／吉田八岑（協力）／講談社

『失楽園 上・下』　　　　　　　　ジョン・ミルトン（著）／平井正穂（訳）／岩波書店

『シュメル神話の世界 粘土板に刻まれた最古のロマン』
　　　　　　　　　　　　　　　　　岡田明子、小林登志子（著）／中央公論新社

『図解 悪魔学』　　　　　　　　　　　　　　　　　　草野巧（著）／新紀元社

『図解雑学 世界の天使と悪魔』　　　　　　　　藤巻一保（監修）／ナツメ社

『図解魔導書』　　　　　　　　　　　　　　　　　　草野巧（著）／新紀元社

『図説天使百科事典』　　　　ローズマリ・エレン・グィリー（著）／大出健（訳）／原書房

『聖アントワーヌの誘惑』　　　　　　フローベール（著）／渡辺一夫（訳）／岩波書店

『聖書外典偽典 1～7・別巻』　　　　　　　　　　　　　　　　　　　教文館

『世界の神話5 ペルシアの神話』　　　　　　　　　岡田恵美子（著）／筑摩書房

『世界文学全集第1巻 ダンテ＝神曲』　ダンテ・アリギエーリ（著）／平川祐弘（訳）／河出書房新社

『全訳 バーガヴァタ・プラーナ クリシュナの物語（上・中・下）』
　　　　　　　　　　　　美莉亜（訳）／ブイツーソリューション（発行）／星雲社

『ゾロアスター教の悪魔払い』　　　　　　　　　　　岡田明憲（著）／平河出版社

『天国と地獄の事典』　　　ミリアム・ヴァン・スコット（著）／奥山倫明（監修）／原書房

『天使辞典』　　　　　グスタフ・デイヴィッドスン（著）／吉永進一（監訳）／創元社

『「天使」と「悪魔」がよくわかる本』　　　　　造事務所（編）／吉永進一（監修）／PHP文庫

『天使と悪魔 美術で読むキリスト教の深層』　　　　　秦剛平（著）／青土社

『天使の事典 バビロニアから現代まで』
ジョン・ロナー（著）／鏡リュウジ・宇佐和通（訳）／柏書房

『ドレの新約聖書』　　　谷口江里也（訳・構成）／ギュスターヴ・ドレ（画）／宝島社

『中村屋のボースが語る インド神話ラーマーヤナ』
ラス・ビハリ・ボース、高田雄種（著）／書肆心水

『日亜対訳クルアーン [付] 訳解と正統十読誦注解』
中田孝（監修）／中田香織・下村佳州紀（訳）／松山洋平（[付]訳）／黎明イスラーム学術・文化振興会（責任編集）／作品社

『バニヤン 天路歴程』　　　　　　　　　　　池谷敏雄（訳）／新教出版社

『ヒンドゥー教の聖典 二編 ギータ・ゴーヴィンダ ディーヴィー・マーハートミャ』
小倉泰、横地優子（訳注）／平凡社

『ファウスト（一・二）』　　　　　　ゲーテ（著）／高橋義孝（訳）／新潮社

『文語訳旧約聖書 1〜4』　　　　　　　　　　　　　　　岩波書店

『メソポタミアの神々と空想動物』　アンソニー・グリーン（監修）／山川出版社

『萌える！悪魔事典』　　　　　　　TEAS事務所（著）／ホビージャパン

『萌える！ソロモン72柱の魔神事典』　TEAS事務所（著）／ホビージャパン

『ヨハネの黙示録』　　　　　　　新約聖書翻訳委員会（訳）／岩波書店

『ロシアの妖怪たち』　　　斎藤君子（著）／スズキコージ（画）／大修館書店

その他多くの書籍やWebサイトを参考にさせていただいております。

【掲載写真に関して】

以下に記す画像・写真は、Wikipediaが定めるパブリックドメインの規定の則り使用しております。これらは著作者の死亡した日の属する年の翌年から起算して、50年を経過したものであるため、日本の著作権法第51条及び第57条の規定により著作権の保護期間が満了しており、知的財産権が発生していない、または消滅しているパブリックドメインとなります。ウィキペディア財団の公式見解では、「パブリックドメインにある平面的な作品の忠実な複製はパブリックドメインであり、パブリックドメインでないと主張することは、パブリックドメインの概念そのものへの攻撃に当たる」とされております。また、平面的な美術の著作物を写真術によって忠実に複製したものは、撮影者による「著作物」として扱われず「複製物」として扱われます。そのため、使用している写真は「複製物」とされ、絵画同様にパブリックドメインとみなされます。

「バーバ・ヤーガ（イヴァン・ビリビン画）」「『地獄の辞典』よりアスモデ(Asmodée)の挿絵」「地獄巡りをするダンテとウェルギリウスを案内しようとするバルバリッチャ率いる10名」「Rumpelstiltskin」「ゴエティアの悪魔の印章、THE BOOK OF THE GOETIA OF SOLOMON THE KING (1904)」「The Seal of Astaroth.」「興福寺阿修羅像」「ラーヴァナとその眷属であるラークシャサ」「Luca Giordano - Dream of Solomon - God promises Solomon Wisdom.」「Solomon and the plan for the First Temple, illustration from a Bible card published by the Providence Lithograph Co.」「パズズ頭部像（大英博物館所蔵）」「Lucifer before the Lord, by Mihály Zichy (19th century)」「Illustration from an Arabic manuscript of the Annals of al-Tabari showing Iblis refusing to prostrate before the newly created Adam」「Rusalka」「『世事百談』より“通り悪魔の怪異”」「Div Akvan throws Rustam into the Caspian Sea.」「バアル像（ルーヴル美術館蔵）」「Ninurta with his thunderbolts pursues Anzû stealing the Tablet of Destinies from Enlil's sanctuary (Austen Henry Layard Monuments of Nineveh, 2nd Series, 1853)」「倒されるヒラニヤークシャ」「"Sweet, piercing sweet was the music of Pan's pipe" reads the caption on this depiction of Pan (by Walter Crane)」「フネフェルのパピルス」の一部」「写本『NKS 1867 4to』に描かれた、フギンとムニンから報告を受けるオーディン」「キキーモラ（イヴァン・ビリビン画）」「Scroll of Book of Isaiah」「ナスフ体によるクルアーンの章句。『大タフスィール』ペルシャ語版（写本は18世紀のもの）」「『アヴェスター』ヤスナ28章“ガーサー”」「マヒシャースラと戦うドゥルガー」「ヴィシュヌの化身ナラシンハ（人獅子）」「膝の上で殺されているのがヒラニヤカシプ」「ラーヴァナ」「教皇ホノリウスの奥義書」1760」「Dante (blue) and Virgil (red) in three scenes with the Malebranche, portrayed by Giovanni di Paolo.」「Illustration of Lucifer in the first fully illustrated print edition of Dante Alighieri's Divine Comedy. Woodcut for Inferno, canto 33. Pietro di Piasi, Venice, 1491.」「William Blake, The Temptation and Fall of Eve, 1808 (illustration of Milton's Paradise Lost)」「John Martin, Satan Presiding at the Infernal Council, c. 1823-1827」「"Beelzebub and them that are with him shoot arrows" from John Bunyan's The Pilgrim's Progress (1678)」「『天路歴程』アバドン（上）と戦うクリスチャン ジョン・バニヤン作」「Faust et Méphistophélès.」「La Tentation de saint Antoine, tableau attribué à Pieter Brueghel le Jeune (c. XVIe siècle)[1],[2].」「San Antonio Abad, por Francisco de Zurbarán.」「シェヘラザードとシャフリヤール（フェルディナント・ケラー画 1880年）」「Джинн из сказки о рыбаке:《Тысяча и одна ночь》」

Fantasy Devil Encyclopedia

幻想悪魔大図鑑

【監修】
健部伸明 （たけるべ・のぶあき）

1966年、青森県に生まれる。1980年代半ばに株式会社オーアールジーに参加し、新和版『ダンジョンズ＆ドラゴンズ』の翻訳を手がける。また同時期に有限会社CB'sプロジェクトの立ち上げメンバーとなり、数多くのゲーム攻略本やゲームブックの執筆・編纂を行う。専門は北欧神話、モンスター学、生物学、宇宙論など。コンピュータおよびボードゲームに関わる書籍の執筆、ゲームデザイン、神話やファンタジー関係の著作や翻訳、映画評論など、さまざまな分野で活躍している。

〈おもな書籍〉
『幻獣大全Ⅰ モンスター』（新紀元社）、『幻獣世界の住人たち Ⅱ』（共著・新紀元社）、『幻獣ドラゴン大図鑑』（監修・カンゼン）、『幻獣最強王図鑑』（監修・学研）など

発行日	2019 年 12 月 21 日　初版
監　修	健部 伸明
発行人	坪井 義哉
発行所	株式会社カンゼン
	〒 101-0021
	東京都千代田区外神田 2-7-1 開花ビル
	TEL 03 （5295） 7723
	FAX 03 （5295） 7725
	http://www.kanzen.jp/
郵便振替	00150-7-130339
印刷・製本	株式会社シナノ

企画・構成・編集	株式会社ライブ
	竹之内 大輔／山﨑香弥
執筆・協力	野村昌隆／中村仁嗣／横井祐介／林 政和／松本英明
	遠藤圭子
イラスト（五十音順）	合間太郎／aohato／池田正輝／長内祐介／桑代剛志
	米谷尚展／月岡ケル／NAKAGAWA／中山けーしょー
	なんばきび／七片 藍／森野ヒロ
カバー・本文デザイン	黒川篤史 （CROWARTS）

万一、落丁、乱丁などがありましたら、お取り替え致します。
本書の写真、記事、データの無断転載、複写、放映は、著作権の侵害となり、禁じております。

©Live2019

ISBN 978-4-86255-539-7

Printed in Japan

定価はカバーに表示してあります。

本書に関するご意見、ご感想に関しましては、kanso@kanzen.jp までEメールにてお寄せください。お待ちしております。